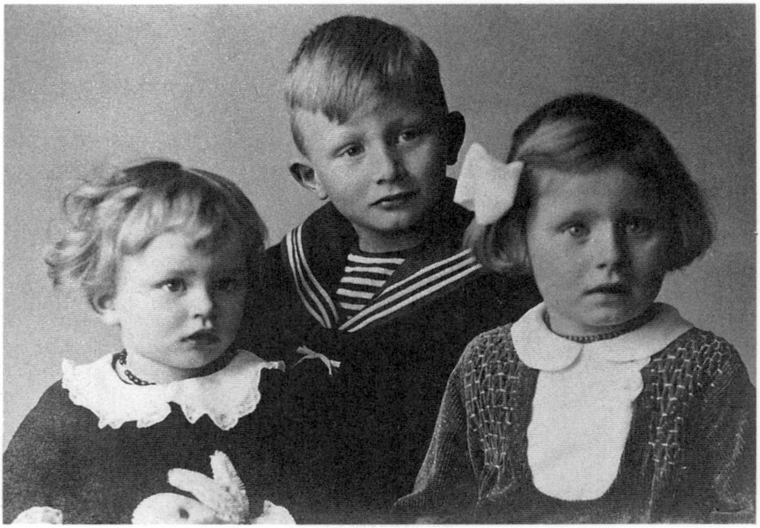

James Krüss

Sechs Jahrzehnte
oder
Vom kleinen Boy zum großen Boy

James Krüss zum 60. Geburtstag

Verlag Friedrich Oetinger · Hamburg

Dir, lieber James,
herzlichen Glückwunsch zum 60. Geburtstag
und Dank für dreißig Jahre
freundschaftlicher Zusammenarbeit.

Dein
Verlag Friedrich Oetinger

Zum Foto auf Seite 2
Vertrauensvoll, aber doch schon ein wenig skeptisch in die Zukunft blickend: der kleine Boy in der typischen Jungenkluft der damaligen Zeit. Mit Schwestern Marlis und Erni 1933
Foto: Aus dem Familienalbum

Zum Foto auf Seite 5
Der große Boy 1979 auf der Kanareninsel El Hierro, prähistorische Petroglyphen betrachtend
Foto: Hilmar Pabel

Damit Kinder denkende Zeitgenossen werden, muß man sie das Mitdenken lehren. Damit sie, die das Leben erst erlernen müssen, der Wirklichkeit nicht nur standhalten, sondern sie auch mitbestimmen können in späteren Jahren, darf man sie weder zu früh mit den Schrecknissen der Welt vertraut machen, noch soll man sie ins temperierte Glashaus setzen, vor allen Winden wohlbehütet.

James Krüss

Illustrationen von Rolf Rettich
Satz: Utesch Satztechnik GmbH, Hamburg
Druck: R. Himmelheber & Co. Satz + Druck GmbH, Hamburg
Printed in Germany 1986
ISBN 3-7891-6249-3

Inhalt

Klaus Doderer

Strandgänge mit James Krüss

Gedanken zu seinem 60. Geburtstag

Gedichte sind Tropfen der Seele. Sie legen frei, was drinnen passiert, nicht im Kopf, nicht im Bauch, vielmehr in jenem Teil des Menschen, den man so schwer orten kann und den man gelegentlich – aber nur symbolisch – Herz nennt.

Mir spielte im vergangenen Jahr nicht der Zufall, dafür aber eine kluge Frau die Gedichte von James Krüss in die Hände, hundert und mehr, die er zwischen 1952 und 1985 geschrieben hat. Die meisten sind bisher unveröffentlicht.

Beim Lesen entstand der Plan, einige von diesen *Blutstropfen* erneut aufs Papier zu tupfen und daraus ein pointilistisches Bild – mein Bild – des langjährigen Freundes entstehen zu lassen, ein paar Gedanken auch drum herum zu legen, die nach und bei langen gemeinsamen Barfußgängen durch den weißen oder auch schwarzen Sand der Strände Gran Canarias entstanden. Zugegeben, das Portrait ist nicht *umfassend*, es ist auch nicht *objektiv*. James möge sich jedoch darin ein wenig wiederfinden; es möge ihm vielleicht sogar *nützlich* sein als Spiegel, in dem er Hinweise erhält für den Weg dorthin, wohin wir alle streben, ohne es jedoch je zu schaffen: zu sich selbst. Gute Reise weiterhin!

I. Über die Brauchbarkeit von Sprachspielen

JAMES, Dir ist kein Wort, und sei es ein von Dir erfundenes, zu schade, um es nicht fürs Reimen zu gebrauchen. Du habest als Kind *gefibelt*, als Bub *gebibelt*, Hitler habe Dich *gezwiebelt*, der Krieg habe Dich *gestiebelt*. Unter dem Zwang des *Reim-dich-oder-ich-freß-dich* sogar noch wirst Du am Ende leichtsinnig, sprichst von Deiner Sehnsucht, die da *giebelt*, und bindest das lange i mit dem spitzen ü von verübeln. Ei, ei, ei, so nimmt man den Reimerich Kinderlieb auf die Schippe oder tut's dem Joachim Ringelnatz nach, der ein *Kindergebetchen* – halb ernst, halb scherzhaft – mit »Ich bin ein armes Zwiebelchen/Nimm mir das nicht übelchen« zu Ende gehen läßt.
Wo aber *giebelt* in Deinem *Stoßseufzer*-Gedicht denn die Sehnsucht, von der Du redest?

Stoßseufzer

Als Kind gefibelt
Und als Bub gebibelt,
Danach von Hitler
Und vom Krieg gezwiebelt,
Komm ich gestiebelt.

Meine Sehnsucht giebelt
Im Wunsche,
Frei zu sein.

Ob mir das
Wer verübelt?

(1985)

Da wird's auf einmal ernst in all Deiner verbalen Spielerei. Sie *giebelt* nämlich *Im Wunsche, frei zu sein.* Lugt nicht in diesem Stoßseufzer aus Deiner Sprachspielwerkstatt der letzten Jahre, lugt nicht hinter Scherz und Spielerei der Ernst hervor, der den Ulk erst rechtfertigt? Frei sein als Rechtfertigung. Ein Ruf in die Lüfte, der sich im Echo nicht verstärkt, vielmehr zaghafter und zweifelnder zurückkehren wird. Frei sein, wovon? Was denn, wenn die Bindungen gelöst? Und dabei bindest gerade Du Dich so sehr, zum Beispiel an die Form in der Sprache. Du kämpfst wie Dein früherer Meister Erich Kästner um Stil und Grammatik, um den Satz als den perfekt zu Ende geführten Gedanken. Du möchtest alles abrunden können, liebst deshalb den Endreim, weil er die Zeilen schließt, sich paaren und gruppieren läßt, erfindest Happyendings, weil Du nichts offen lassen möchtest, und bastelst an Deinem erzählerischen Lebenswerk herum, als ob Du ein symmetrievernarrter Architekt wärest, der nirgendwo Zugluft in den Bau lassen möchte. Dies wenigstens kam mir in den Sinn, als ich sah, wie das von Dir selbst entworfene Schema Deines in vierzigjähriger Arbeit – die älteste Geschichte stammt von 1945 – entstandenen Zyklus *Die Geschichten der 101 Tage* aussieht.*

Ich habe mich bei Dir immer gefragt, ob und wie Du Deine Tätigkeit des Schreibens vor Dir selbst und vor anderen verantworten willst und kannst. Ich weiß auch, daß Du eine Zeit hinter Dir hast – damals in den sechziger Jahren, als Du Deine großen Erfolge hattest, den Deutschen Jugendbuchpreis und die Hans Christian Andersen-Medaille erhieltest –, in der es Dir auch zuviel wurde, als jugendliterarischer Entertainer, als Reimeschmied und Enfant terrible von Talk-Shows verstanden zu werden, als plappernder, netter und fröhlicher Jugendschriftsteller. Du zogst Dich auf die Kanarischen Inseln zurück, in das Dorf, aus dem Dein Freund kommt, zu den Menschen, die Dich *Don Jaime* nennen, wenn sie in Deinem Haus – das höchste im Ort – ein- und ausgehen, das immer offensteht und gastfrei allen ge-

* Graphische Darstellung des Zyklus auf Seite 47

genüber ist, sei es dem alten Ziegenhirten und der tanzfreudigen Dorfjugend, Deinen Bekannten unter den Schriftstellern und den Verlegern sowie auch denen aus dem Showbusiness.
Ich habe mich auf die Suche nach Deinen Begründungen fürs Schreiben gemacht und fand Spuren aus jüngster Zeit. Sie sind deutlich, ganz deutlich lesbar und weisen auf etwas Merkwürdiges hin, das ich nicht vermutet hätte. Du scheinst Dich in einem Alter, wo andere ruhiger werden, zu einem temperamentvoll Drängenden zu entwickeln. Wie anders sonst ist Dein Plädoyer für Ungeduld nach vierzig Jahren des Wartens zu verstehen?

Ein gilbes Blatt

Ein gilbes Blatt.
Vor vierzig Jahren schrieb ich
Zwei Silben drauf.
Ich schrieb
Das Wort
GEDULD.

Ein gilbes Blatt.
Ich schrieb vor vierzig Jahren
Zwei Silben drauf.
Heut fügt ich eine Silbe
Hinzu.
Heut schrieb ich
UNGEDULD.

(1984)

Aber, lieber James, wenn Du Dich 1984 zum Handeln und zum Drängen aufrufst, wo Du Dich vierzig Jahre zuvor, im Kriegsjahr 1944, zu Geduld gemahntest, dann sag mir doch, was Dich heutzutage so unruhig macht? Sind es die bösen Zeiten, die schlechte Welt dort draußen in Europa, in Amerika, Asien und Afrika, die Händel der Politiker und die Geldgier der Wirtschaftsbosse? Was ist's, was Dir die Ruhe raubt? Ich vermute schon, daß Dich das alles umtreibt. Und wie versteht sich dieser ungeduldige James Krüss im Gerangel solcher Weltverhältnisse? Ich glaube, er will nur eine Ecke als mahnender Poet haben, der versucht, durch Verse und freundliche Worte Brauchbares für den Frieden zu lehren.

Brauchbar – wofür?

Gefragt, wie ich denn
Verse schreiben könne,
Da doch in Teheran und Bagdad Krieg,
In Chile Mord,
In Pandschab Aufruhr herrsche,
Antworte ich:

Da keine Not mich zwingt,
Am Waffenschmieden,
Brauchbar für den Krieg
Und für Tyrannenfreunde,
Teilzunehmen,

Nehm ich des Dichters
Schönes Vorrecht wahr
Und schmiede Verse,
Brauchbar für den Frieden.

(1985)

II. Der Bund zwischen Traum und Gedanke

JAMES, wie hältst Du's eigentlich mit dem Träumen und dem Denken? Haben diese beiden Regungen, auf denen ja ein Gutteil unserer menschlichen Welt basiert, für Dich zwei getrennte Bezirke, oder gibt es zwischen ihnen geheime Kanäle, auf denen die Gedanken zu den Phantasien und die Phantasien in die Gefilde der Ratio gelangen können? Oder lassen sich beide womöglich gar nicht scheiden? Up ewig ungedeelt! Ich könnte auch fragen: Wie hältst Du's mit der Phantasie? Und wie mit der Realität? Ich denke dabei, daß Du ja einerseits die Kinderliteratur gerade durch Deine Reisen in die Phantasiewelt, zu den *Glücklichen Inseln hinter dem Winde*, bereichert hast. Du hast zu Astrid Lindgrens und Erich Kästners, Gianni Rodaris und Lewis Carrols, E. T. A. Hoffmanns und Wilhelm Hauffs Phantasiegefilden eine neue Art hinzugefügt, Träumereien aufs Papier gebannt, die heiter die unbeschwerte Seite unseres Lebens bezeichnen, den Kindern zur Freude, den Erwachsenen zum Spaß. Du hast eine *Sprechmaschine* gebaut und einen *Sängerkrieg der Heidehasen* erfunden. Du hast den Schabernack und den Unsinn durch Verse und Prosa gegen diejenigen verteidigt, die nur Vernünftiges gelten lassen wollen. Und dann wiederum hast Du den nüchternen Sinn gegen den Unsinn verteidigt, nämlich dann, wenn es etwa um das Zurückholen des Lachens für einen darum betrogenen Jungen geht, der *Timm Thaler* heißt. Köpfchen muß man haben! Oder Du hast die Ausbeutung der Esel benutzt, um eine Fabel mit dem Thema Solidarität zu schreiben. Einsicht, Vernunft nur bringen menschlichen Fortschritt!

Wie also, lieber James, hältst Du es mit der Welt der Träume und der der Gedanken? Feindliche Brüder oder Partner im selben Geschäft? Diese Frage ist ja in den letzten Jahren in der Kinder- und Jugendliteratur, der deutschen zumindest, aber auch in Amerika und anderen Ländern im Zusammenhang mit dem Zurückdrängen sozialkritischer, realistischer Sujets und dem

Das Foto gegenüber zeigt Badedüne und Insel in den 30er Jahren. Im Vordergrund das kleine Verkehrsboot, das damals für den Frachttransport benutzt wurde
Foto: Franz Schensky

Wiederaufkommen der Sympathie für märchenhafte Welten zu ganz akuter Bedeutung gelangt. Sie scheidet manchmal eine Gruppe von ernstzunehmenden Autoren der nunmehr mittleren Generation von der der ganz jungen und auch vieler älteren. Sie scheidet aber auch Peter Härtling von Michael Ende, Ursula Wölfel von Janosch, Hans Georg Noack von Erwin Moser, und sie bricht Frederik Hetmann/Hans-Christian Kirsch beinahe mitten entzwei.
Du hast Dir schon früh, längst vor dem Auftreten des sozialkritischen Realismus im Zuge der Studentenbewegung und vor der *Wende* um die Mitte der siebziger Jahre, als der deutsche Titel von Bruno Bettelheims Buch *Kinder brauchen Märchen* zum Slogan wurde, die Frage der Zusammenhänge zwischen Phantasie und Vernünftigkeit, zwischen *Gedanken und Träume* gestellt. Zwei kleine Gedichte fand ich, eines davon – 1959 geschrieben – lautet:

Es gibt keine Träume aus nichts.
Sie haben dein Hirn ja durchkrochen.
Die buntesten Spiele des Lichts
Sind durch viele Prismen gebrochen.

(1959)

Und das andere, aus demselben Jahr, sollte man hinzufügen, weil es die Dialektik zwischen Träumen und Gedanken ausmalt, den Themen des Ursprungs und der Selbstverwirklichung ganz klar Deine Antwort gibt: Das eine gehört zum anderen. Es besteht eine Rückbindung, andernfalls wäre der Träumende mit Blindheit geschlagen, und dem bloß Vernünftigen ginge der Stoff zum Nachdenken aus.

Gedanken und Träume

Gedanken gibt es,
Wie den Gedanken vom Ursprung,
Die du nur träumend
Zu Ende zu denken vermagst.

Träume gibt es,
Wie den Traum von dir selbst,
Die zerstieben, wenn du nicht
Denkst und fragst.

(1959)

III. Die vielen Seiten der Dinge

JAMES, mir ist aufgefallen, daß Du einer sehr anschaulichen Nachdenkerei frönst, einem Phänomen immer wieder Beachtung schenkst, das die Philosophen vielleicht Relativismus nennen mögen, das aber bei Dir etwa so formuliert sein könnte: Alle Dinge und Ereignisse haben mehrere Seiten; und dementsprechend – so folgerst Du – gibt es auch verschiedene Einstellungen dazu. Da berichtest Du zum Beispiel von Deinem Nachbarn, der jubelt, weil nun eine Niere transplantiert werden kann, und Du setzt dagegen den traurigen Fall des Spenders.

Günstige Bedingungen

Pepé, mein Nachbar,
Jubelt:
Eine Niere,
So lang erwartet,
Ward ihm eingepflanzt.

Der Junge,
Der sie ihm gespendet hat,
Starb unter günstigsten
Bedingungen:
Durch einen Unfall
Und im Hospital.

(1984)

Das Glück des einen ist in Deinem Beispiel das Unglück des anderen. Ich sehe in dem, wie Du hier mit der Tatsachenwelt umgehst, wiederum Deinen Hang zur Schwarzweißmalerei, zum Polarisieren. Kommt da nicht der Pädagoge in Dir zum Vorschein, der alle Unebenheiten, störende Detailabweichungen wegräumt, um am klaren, eindeutigen Fall Einsicht zu gewähren? So baust Du oft Deine literarischen Kopfgeburten.

Ein zweites Beispiel für die Krüss'sche *Relativitätstheorie:* Du führst einen Lastwagen nur deshalb ein, weil er – an der Ampel haltend – einen großen Seitenspiegel hat. Und dieser dient bei Dir nicht etwa zum Erhöhen der Sicherheit im Straßenverkehr. Nein:

Spiegeleffekt

Das Umzugsauto
Mit dem großen Spiegel
Hielt vor dem Rot der Ampel an.

Fußgänger,
Die dort warteten,
Strafften die Körper
Und begannen
Sich zu kämmen.

(1984)

Nebeneffekte, auf die willst Du wohl aufmerksam machen, um damit auch zu sagen, daß die Welt nicht eindimensional ist und daß selbst der Spiegel am Lastwagen mindestens – wie hier – zwei Funktionen hat. Es kommt immer auf den Standort an, was man aus einer Sache macht, läßt sich daraus wohl folgern.

Ein drittes Beispiel noch, das Deine sehr große Bereitschaft, vieles relativ zu sehen, mit eigener Stellungnahme zurückzuhalten, belegen kann:

Wer wohl?

Ein Spätzchen,
Auf dem Käfig landend, sah
Den Wellensittich
Zwischen vollen Näpfen.

Der Wellensittich
Sah den freien Spatzen.

Wer wohl den anderen
Mehr beneidet hat?

(1985)

Halt, wirst Du hoffentlich rufen, ich bin kein Relativist, ich lehre nur das Beachten des Aspektreichtums im Kaleidoskop der Wirklichkeiten. Und, wirst Du hoffentlich weiter einwenden, es gibt zwar Dinge und Ereignisse, die haben viele Seiten, und alle haben ihre Rechtfertigung, aber – und auf dieses große *Aber* habe ich gewartet – vielfach darf man sich nicht um die Stellungnahme drücken, und so setzte und setze ich, der James Krüss aus Helgoland, lebend auf Gran Canaria, parteilich meinen Akzent. Hast Du denn nicht bemerkt, so wirst Du Deinen Freund Klaus zu belehren versuchen, daß ich den Spatz da landen lasse, wo der Wellensittich in Unfreiheit ist? Muß nicht jeder meine Entscheidung für die Freiheit des Spätzchens und gegen die Gefangenschaft im Käfig der gefüllten Näpfe erkennen?
Nein – so höre ich Dich sagen –, ich unterscheide zwischen dem Aufmerksammachen auf das unumstößliche Gesetz der Verhältnisse (sie sind nun einmal so) – ob ich nah oder fern, oben oder unten, gefangen oder frei, krank oder gesund bin, ist nun mal ein

Unterschied, ich muß mich danach richten – und andererseits dem Hinzeigen auf einen Umstand, der so ist, aber nicht so sein müßte. Für erstere Position fand ich ein wunderschönes Sinngedichtchen, das Du vor zwei Jahren aufschriebst:

Fern und nah

Fern steht ein Mensch
Auf einem Höhenrücken.
Das nahe Kirschbaumblatt
Verdeckt ihn ganz.

(1984)

Ja, auch ein Kirschbaumblatt kann einen ganzen Menschen verdecken, es kommt auf den Standpunkt des Betrachters an.

Und wenn Du dann in der Dir eigenen dialektischen Zuspitzung den kleinen Frosch – dessen Perspektive Du übernimmst – beim Einsturz einer Brücke zu Tode kommen läßt, dann lenkst Du die Besinnung Deiner Leser auf dieses leider so hybride Übermaß der Zivilisation, das die Natur erdrückt, Brutalität im Kleinen zur Folge hat, ohne ihrer zu achten. Mein Einwurf sei Dir geschenkt, lieber James.

Wirkung und Ursache

Ein kleiner Frosch
Kam durch den Steinschlag um,
Als die zu dicht befahrene
Autobrücke
Einbrach.

(1985)

IV. Von Elementargewalt und Menschenkraft

JAMES, gerade die letzte, im Fünfzeiler eingefangene Episode mit dem Frosch, der Opfer der motorisierten Menschenwelt wird, gehört schon in ein anderes, ein – so glaube ich – sehr altes und langes Kapitel in Deinem Ideen- und Ansichtenhaushalt, das über Dein Verhältnis zur Natur und über Deine Skepsis gegenüber den Gebilden von Menschenhand Auskunft gibt. Wer wie Du auf dem meerumspülten kleinen Eiland Helgoland groß geworden ist und nun wieder auf einer Insel, nur ein paar Autominuten vom Meer entfernt, lebt, ein Insulaner von Geblüt sozusagen, der sieht, wie gewaltig das Element ist und wie mühsam die Anstrengungen des Menschen sind, dagegen anzugehen. Bei Dir als Strandgänger auf der Naht zwischen Land und Meer stellen sich doch wohl früher als bei uns Landratten und Großstädtern die Zweifel an dem zivilisatorischen Fortschritt ein.

Strandgang

Auf feuchtem Sand,
Umspielt von leichten Winden,
Meß ich die Naht aus
Zwischen Land und Meer.

(1985)

Deshalb kommt Dir auch das Erinnern an die langsame, unendlich langsam wirkende Kraft der Elemente nicht abhanden. Es erinnert an Adalbert Stifters Gedanken im Vorwort zu den *Bunten Steinen,* ein wenig auch an die Nachdenkereien in der besinnlichen Prosa eines Johann Peter Hebel, wenn Du die Kräfte heraufrufst, die nötig sind, um einer kleinen Eidechse ein Plätzchen zum Sonnen für einen Moment zu geben.

Einfall am Ufer

Unendliches muß geschehen,
Damit in der Felswand am Ufer
Eine kleine Mulde entsteht.

Es müssen wechseln die Gezeiten
Unter dem Monde Tag und Nacht.
Regen muß sein und Dürre
Und Hitze und Frost und Wind.

Unendliches muß geschehen,
Damit in der Mulde im Felsen
Für eine kurze Weile sich
Eine kleine Eidechse
Sonnen kann.

(1953)

Deine Perspektive ist nicht immer die meine, lieber James. Warum? Weil ich mich frage, ob diese Besinnung – so schön sie ist, so demütig sie einen macht – die Natur in Schutz nimmt und den Menschen als Schöpfer seiner Welt von vornherein in Zweifel zieht. Wie vor mehr als zwei Jahrhunderten der Fabel- und Kirchenlieddichter Christian Fürchtegott Gellert, so kommst auch Du zum *anbetenden Überlegen* und endest – wie Dein aufgeklärter und frommer älterer Kollege – im Preisen dort und im mahnenden Verzweifeln über den voraussehbaren Untergang der Menschheit hier:

Wann?

In einer Schlange
Standen viele Menschen
Vor einem Amt,
Um Wassergeld zu zahlen.

Wann werden wir
In einer Schlange stehn,
Um Luft zu zahlen,
Die wir atmen dürfen?

(1984)

Du hast Angst, daß wir uns mit eigener Hand den Lufthahn abdrehen. Dies teilst Du mit vielen, auch mit mir. Aber ist es nicht so, daß auch die Natur vieles zerstört? Auch sie kann grausam sein. Das dürfen wir nicht übersehen. Wir müssen uns auch vor ihr schützen.
Viele Stellen in Deinem Werk, nicht nur aus neuerer Zeit, haben den Unterton des Zweifels am technischen Fortschritt, die Angst vor der Hybris, der Unmenschlichkeit des homo, der doch das Attribut sapiens zuerkannt bekam. Vielleicht sollte man das skeptische Element in Deinen Bildern und Geschichten erst erkennen, um auf diesem schwarzen Untergrund Deine Liebe zur Kreatur besser begreifen zu können.
Ich habe immer wieder bei Dir entdeckt, daß Du der Kreatur, der kleinen besonders, mitleidende Sympathie zuwendest, dem Frosch nicht nur, auch dem Täubchen, das – weil es nicht lebensstark genug ist, um zu fliegen – aus dem Nest geworfen wird. Dahin gehört auch Deine Liebe zu dem Hündchen, das – verkrüppelt – viele Jahre im Innenhof Deines Hauses herumhumpelte. Du hast auch ein Gedicht *Auf meine sterbende Hündin* verfaßt, aus dem ich unschwer heraushören kann, daß Deine Menschlichkeit weite Kreise zu allem Kreatürlichen zieht.

V. Aussichten auf den guten Menschen

JAMES, gibt es eigentlich in Deinen Augen den guten Menschen? Ist nicht der Mensch von Natur aus zerstörerisch, machthungrig, auf seinen Vorteil bedacht? Diese Frage zu stellen, hat mich Dein Gedicht *Verlängerungen*, das Du jüngst schriebst, veranlaßt:

Verlängerungen

Das Kleinkind,
Eine Bambusstange schwingend,
Erschreckt den Hühnerhof
Mit jedem Schritt.

Der Mensch, durch
Pulver und Blei
Die Hand verlängernd,
Bringt Angst und Schrecken mit,
Wohin er tritt.

(1985)

Das sind gewiß düstere Vorstellungen. Wer kann nach solchen Zeilen noch auf Besserung hoffen? Du wirst wahrscheinlich Deinen verwitterten Kopf schütteln, ins Meer springen und mir noch nachrufen: Sei nicht so streng, sieh Dir doch meine Kinderbücher an! Gibt's denn da nur destruktive Figuren? Denk an Pablito, den Jungen von Gran Canaria, denk an Timm Thaler, an ...

Ich denke mir sogar, daß Du jederzeit einen Gegenentwurf aus der Tasche zu ziehen, pardon, aufs Papier zu kritzeln bereit bist. Du malst Dir zwar aus, daß es diese Verlängerung gibt, die vom hühnerverscheuchenden Bambusstecken bis zum menschenvernichtenden Pulver und Blei reicht, daß aber auch das unendliche

Potential freundlicher Zuwendung da ist, das Du kennst und im übrigen auch eigenhändig in Deinem Dorf praktizierst und aufzeigst, wo immer Du es findest:

Übersehen

Ein kleiner Junge
Bot am Straßenrand
Tomaten feil.
Er wollte sie verschenken.

Wagen um Wagen
Fuhr an ihm vorbei.

(1982)

Schon wieder rollen – wie öfters bei Dir – die Wagen vorbei, schon wieder wird die kleine Kreatur mißachtet. Die humane Bereitschaft zum Schenken wird von der Blechlawine erstickt.

Nein, James, ich glaube, daß Du in Dir einen großen Glauben an den guten Menschen trägst, daß Du aber traurig darüber bist, wie wenig von dem guten Menschen übrigbleibt, wenn er größer wird, Macht gewinnt, sich profilieren will. Wie das Täubchen, das zum Fliegen zu schwach ist und aus dem Nest geworfen wird, so erregt das kranke Kind Dein Mitleid.

Wie tief

Wie tief sind
Eines kranken Kindes Augen,
Wie eines Waldsees
Dunkelnde Pupille,
Wie eines wunden Tiers
Ratloser Blick.

(1984)

Du bist einer, der stets die Schwachen und Kleinen, die Kinder und Kranken beobachtet hat. Ihnen gilt Dein literarisches Engagement. Du bist ein naiver Menschenfreund, der von der Utopie des Paradieses träumt. Und dieser Traum trägt bei Dir Züge des Schlaraffenlandes. Wieso aber läßt sich Dein Wunschtraum so schlecht verwirklichen? Für Dich ist die Antwort einfach: wegen der Dummheit, der Unmenschlichkeit und der Rücksichtslosigkeit der Mächtigen. Immer sind sie es, die den Frieden stören, ja, ihn gar nicht erst einziehen lassen. Ich habe die beiden Gedichte – beide 1984 geschrieben – wenigstens so gelesen, als ob Du durch sie ausdrücken möchtest: so nicht! Nicht die Diktatur durch Staatsgewalt und nicht die Herrschaft dummer Moralisten. Sie beide verschütten das Leben, das sich erst entfachen kann, wenn der einzelne frei ist.

Diesseits und jenseits

Diesseits des Ozeans,
Vom Strande kommend,
Fand ich
Vor meiner Tür
Friedlich versammelt
Gas-, Wasser- und Gemüsemann.

Jenseits des Ozeans,
In einem anderen Land,
Findet,
Wer heimkommt,
Vor der Tür versammelt
Staatspolizei,
Guerilla
Und Miliz.

(1984)

Trotzdem

Das eben macht
Die Dummheit
So fatal:

Wer kein Gehirn hat,
Hat trotzdem Moral.

(1984)

So endet meine Frage nach dem guten Menschen bei James Krüss mit der Antwort: Er kennt ihn schon. Für ihn ist er aber nur lebensfähig in Freiheit und wenn er sich im Geben und Helfen verwirklichen kann. Wenn das doch keine Utopie wäre!

VI. »Die Bilanzen stimmen«

JAMES, Du hast einen Vierzeiler mit dem Titel *Industriebilanz* verfaßt – 1984 übrigens, in einem Jahr, in dem von hoher Arbeitslosigkeit in Deutschland, von Hunger- und Dürrekatastrophen in Afrika, von den Leiden der Boatpeople an den Küsten Vietnams die Rede war.

Industriebilanz

Die Umwelt litt;
Doch der Verkauf war gut.
Summa summarum:
Die Bilanzen stimmen.

(1984)

Du verhöhnst mit knappen dreizehn Wörtern eine Mentalität, die gänzlich vom Mammon Geld bestimmt ist. Es wäre gewiß nicht in Deinem Sinne, wenn das Wort *Umwelt* nur im Sinne der gestörten Natur – etwa des Baumsterbens, der Versteppung von Vegetationsgebieten, der Luftverschmutzung – interpretiert würde. (Obwohl ich die Gefahr sehe, daß Dein zur Verknappung neigender Stil jeweils auch zu einem verkürzten Verständnis des Gemeinten Anlaß bietet. Gelegentlich wünschte ich mir, lieber James, mehr Breite, mehr Ausdehnung.) Nein, wer Dich kennt, weiß, daß Du hier so Luft abläßt, wie es Erich Kästner in seinen knappen Gedichten aus *Herz auf Taille* schon fast sechzig Jahre

Das Foto gegenüber zeigt die besonders gefährdete Westseite der Insel mit dem deutschen Leuchtturm, 1901 erbaut und 1945 von britischen Bomben zerstört
Foto: Franz Schensky

vorher tat. Dein Gegner, den Du ins Visier nimmst, ist nicht ein einzelner Mensch, auch keine Gruppe, nein, es ist die Industrie. Sie ist, wenn ihr ein ökonomisches System die freie Entfaltung erlaubt, an den Bilanzen interessiert. So ist's und paßt's zu Dir, der Du ja in Deinem kleinen Dorf genügsam lebst und Deine Überschüsse in die Teerung der Dorfgasse, den Neubau der Schule oder die Sozialhilfe für alte Dorfbewohner steckst.
So ist aus demselben Zorn über die Unmenschlichkeit der Ausbeuter das andere Gedicht zu verstehen, das – ebenfalls 1984 aufgezeichnet – lautet:

Ausgleich

Der Berg heißt Cerro Rico,
Reicher Hügel.
Er spendet Silber,
Und er spendet Zinn.

Das Erz zu ernten,
Fahren kleine Jungen,
Sechs, sieben Jahre alt,
Ins Bergwerk ein.

Da sie im Lohne
Kurzgehalten werden,
Dürfen sie länger,
Fünfzehn Stunden täglich,
In stickiger Luft
In ihrem Stollen stehn.

(1984)

Das ist ein Kampfgedicht, Du kannst es nicht leugnen. Eine Aussage für soziale Gerechtigkeit und gegen die Unterdrückung der Arbeiter. Hier nimmst Du Dir wieder die Kinder vor, die Dir verständlicherweise zu Symbolfiguren der *Underdogs* werden. Dich verbindet in Deiner Grundeinstellung viel mit der der gro-

ßen Autoren der Kinderliteratur, mit der Erich Kästners, Astrid Lindgrens, Maxim Gorkis, auch der Mark Twains, ja selbst der der Brüder Grimm. Auch bei Dir gibt es die Solidarität mit den jungen Menschen, das Ernstnehmen ihrer Gedanken und Empfindungen, den Vorsatz, niemals in Kniebeuge für sie zu schreiben, den Respekt, ja die Achtung auch vor dem (noch) ursprünglichen Mitmenschen. Auch Du dürftest, ähnlich wie Kästner, wollte man Dich fragen, wie denn die *Bilanzen* aussehen sollten, damit es menschlich und gerecht auf dieser Erde zugeht, antworten: Fangen wir an bei den Kindern, denn sie sind noch von der Profitgier verschont, sie haben die Menschlichkeit noch nicht verlernt. Sie können das Geld noch verspielen und die Herzen noch behalten. Hättest Du, hätten die anderen, die so denken, doch nur recht! Ihr seid große Idealisten, idealistische Sozialisten, die den kleinen Brüdern und Schwestern zur Sonne, zur Freiheit verhelfen wollen. Aber Ihr seid auch Illusionäre! Macht es Euch nicht zu einfach! Gebt nicht auf, aber werdet der komplizierten Wirklichkeit gewahr!
PS: Ich stoße da auf ein älteres Gedicht, James. Es trägt die Jahreszahl 1958. Da warst Du zweiunddreißig Jahre alt und machtest Dir damals schon Gedanken über den Text auf Deinem Grabstein. Auch hier rechnest Du auf, bilanzierst Dein ganzes Leben. Da sieht man, was nach Deiner Meinung im Leben wirklich zählt:

Auf meinen Grabstein zu setzen

Ich habe
Viel geliebt in meinem Leben.

Ich wurde
Viel geliebt.

Die Rechnung stimmt.
So starb ich heiter.

(1958)

VII. »... unsere Kinder in bösen Zeiten Freundliches zu lehren«

JAMES, es ist kaum zu glauben. Du redest oft vom Tod und kümmerst Dich in Deinen Gedanken ums Jenseits, als ob Du gar nicht der heitere Reimeschmied, der mitlachende Kinderfreund und der lebenszugewandte Unterhalter wärest, für den viele Dich halten. Mir fielen schon die Gedenkgedichte an Täubchen und Hündin auf, beides Wesen aus Deiner Nähe. Du hast wohl die Fähigkeit zu trauern, weil Du diese Kreaturen nicht als nützliche Haustiere oder – im Fall der Taube – nicht als Geschöpfe siehst, die nur so lange ihr Recht auf Dasein haben, wie sie stark genug sind, sich durchzusetzen. Du siehst sie als Wesen, denen Du Dich mitleidend und mitfreuend zuwendest.
Wie aber, wenn es um Menschen, womöglich um ganz nahe, ja um die eigene Mutter geht? Da wirst Du in gewisser Weise stumm und ratlos:

Nach dem Begräbnis meiner Mutter

Des Leuchtturms Strahlen
Kreisen immer noch.

Es rührt sie nicht,
Daß du sie
Nicht mehr siehst.

(1981)

Die Strahlen bleiben ungerührt, die Welt und des Leuchtturmes Licht drehen sich weiter, sie lassen Dich allein in Deiner Trauer. Irgendwo ist dieses unchristliche Element des Unaufgehobenseins, des Ungeborgenseins in Dir angelegt. Metaphysik in diesem Sinne ist Deine Sache nicht, auch nicht die Religion. Deine

Gedanken sind anderer Art, sind auf die Idee vom Diesseits als Raum menschlicher Verwirklichung gerichtet.

An einem Grabe

Wohin die Toten gehn?
Wir wissen's nicht.
Warum wir hier noch stehn?
Wir wissen's nicht.
Des Ganzen Zweck und Sinn?
Wir wissen's nicht.
Woher, Mensch, und wohin?
Wir wissen's nicht.

(1981)

Wie kannst Du nur, James, dem ich mich in vielen Dingen sehr verwandt fühle, wie kannst Du nur ein Jahr nach diesem Offenbarungseid des Nichtwissens – also 1982 – wie ein schlechter Pfarrer, der vorgibt, hinter die Kulissen der Todeswand schon geblickt zu haben, erneut nach dem Totenreich fragen, aber so antworten:

Was ist das: Tod?

Für jene, die am Grabe stehn,
Das Ende.
Für jene, die hinübergehn,
Die Wende.

(1982)

Hättest Du doch wenigstens ein Fragezeichen hinter das ominöse Wort von der *Wende* gesetzt!
Nein, das bleibt eine Leerformel, die Du nicht zu füllen vermagst. Du bist ein Diesseitsmensch und sollst es bleiben, Deinen Freunden zur Freude, Deinen Toten verbunden, Deinen Lesern,

den jungen vor allem, als Mahner, sich nicht irremachen zu lassen, nach dem guten Menschen zu suchen, bei sich selbst und bei den anderen auch.
Bleibe der *kleine Mann auf der Brücke,* der von der hellen Sonne mehr weiß als von den Sternen im Dunkeln, der die Kreatur nicht vergißt, wenn andere nur die Bilanzen, die Technik und die Systeme im Kopf haben, der seine Hände benutzt, um auf Wunden zu zeigen, aber mehr noch auf Orte, wo Gutes, Schönes und Hoffnungsvolles sich ereignet.

Foto

Ich steh,
Ein kleiner Mann,
Auf einer Brücke.
Die Sonne scheint.
Ein weißes Boot legt an.

Schön ist das Leben.
Und das Foto ist
Vor fünfzig Jahren
Aufgenommen worden.

(1985)

Gib Deine Versuche nicht auf, lieber James, Freundliches zu sagen, ja, zu belehren. Dein Wort, mit dem Du Deinen Zyklus *Die Geschichten der 101 Tage* eröffnest, in Ehren: *Haltet die Uhren an, vergeßt die Zeit. Ich will euch eine Geschichte erzählen.* Aber Du solltest wissen, daß man Uhren nicht lange anhalten kann, daß jede Zeit und jede Generation ihre eigene Lagerung im Zeitgeschehen hat, auch ihre eigene Ansprache braucht. Setze Dich nicht zu weit hinaus an den letzten Felsen im Atlantik, damit Du auch das Pochen und Stöhnen des Kontinents hörst, ohne den Du nicht wärest, der Du bist.

Rückblick

Was ward aus uns,
Die nach dem Krieg so munter
Auszogen, Kinder
Freundliches zu lehren?

Der eine sitzt
In Hollywood, feilbietend
Die Haut von seiner
Achtzehnjährigen
Freundin;
Der andere,
Voller Fleiß geschäftig für
Waschpulverkönige
Und Schaumweinfürsten,
Hüllt, was sie schrein,
In Flötentöne ein.

Nur ich
Sitze noch immer,
So wie damals,
Überm Papier,
Versuchend, unsere Kinder
In bösen Zeiten
Freundliches zu lehren.

(1982)

Prof. Dr. Klaus Doderer ist Direktor des Instituts für Jugendbuchforschung der Johann Wolfgang Goethe-Universität in Frankfurt/Main

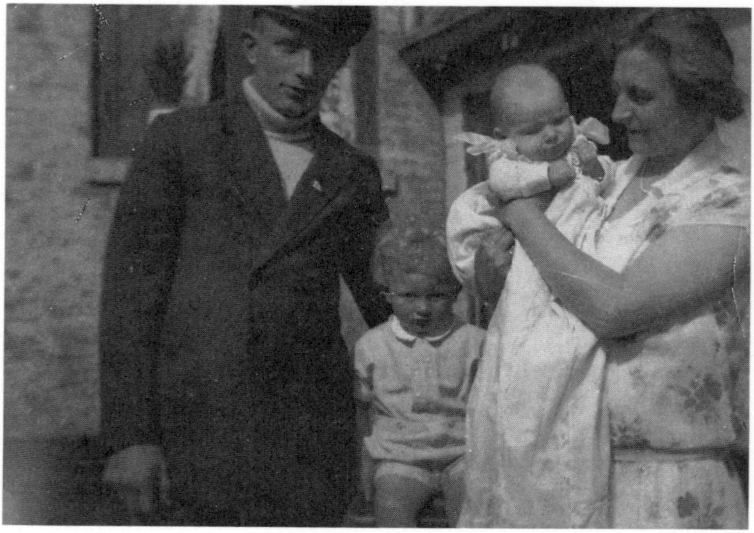

Blondgelockt und recht verdrießlich zwischen Vater, Mutter und Schwester Erni, der der kleine James bei der ersten Besichtigung 1928 eine Ohrfeige gibt
Foto: Aus dem Familienalbum

Bilderbuchzeit. Mit Kater Moritz 1960 im ersten eigenen Haus in Gilching bei München
Foto: Ursula Burghardt

MM

Heinz Blumensath
Kaleidoskop-Geschichten

Wer kennt sie nicht, jene wunderschönen, uns noch als Erwachsene immer wieder faszinierenden Guckröhrchen, die, einfach rund oder kunstvoll eckig zusammengefügt, beim Hindurchsehen oder nach Schütteln und Drehen die farbigsten und sich geheimnisvoll jedesmal neu zu schneeflockenartigen Mustern ordnenden Figuren hervorbringen? Wie sehr haben sie uns doch früher bezaubert, nicht zuletzt auch, weil die innen sichtbaren Bilder größer schienen, als sie dem äußeren Maß des Wunderdings entsprachen. Heute kennen wir die dem Spiel zugrundeliegende Mechanik. Doch nimmt ihm das den Zauber? Nein, im Gegenteil: Die sinnreich angeordneten Spiegel mit den von ihnen erzeugten Scheinräumen, Verdoppelungen und Spiegelbildern sind es, die aus den kleinen farbigen Glaskügelchen und Splittern – einem für sich lediglich chaotisch bunten Haufen von kleinen Einzelteilen – eine unendliche Vielfalt von sinnfällig geordneten Strukturen machen. Ohne das für sich belanglose reale Häufchen von seinen es so überraschend sinnvoll-schön ergänzenden Spiegelbildern unterscheiden zu können, überlassen wir uns heute der tröstlichen Empfindung, daß die Kunst zumindest im schönen Schein dem ungeordnet Disparaten Gestalt und Sinn zu geben vermag.

James Krüss' im Hamburger Friedrich Oetinger Verlag erschienenes Hauptwerk ist ein solches Kaleidoskop. In diesem Jahr, wir feiern seinen 60. Geburtstag, fügt er nach rund zwanzigjähriger Arbeit mit »Nele oder Das Wunderkind« das letzte fehlende Bindeglied in den kunstvoll organisierten Zyklus seines poetischen Lebens ein. Aus nur wenigen Elementen zaubert er in jedem seiner Bücher ein neues, in sich geordnetes Universum: mit einer kleinen Zahl von Personen wie dem kleinen und dem großen Boy, der Tante Julie und dem Timm Thaler, einigen Orten wie den Helgoländer Hummerklippen und anderen (glücklichen) Inseln sowie mit den einfachsten Bestandteilen unserer Sprache, den Buchstaben und dem Schatz unserer Mythen, Legenden und Geschichten. Jedes Buch in diesem auf 15 (17) Bände angelegten Zyklus kann für sich stehen und doch fügt

sich eins ins andere, nimmt frühere Fäden wieder auf, spinnt sie zu einem eigenen Buch aus oder entwickelt neue. So schließt nach 101 Tagen dieser 4000 Druckseiten umfassende Zyklus voller Verse und Geschichten, Träume und Wünsche, die die Erfahrungen eines ganzen Lebens verdichten, dort, wo er beginnt: auf den bei Helgoland, der Geburtsinsel des Autors, gelegenen Hummerklippen. Verbrachte dort am Anfang der achtjährige Boy zusammen mit anderen Gästen seine dem geselligen Dichten gewidmeten Sommerferien, so findet sich am Ende, das kein Schluß, sondern ein neuer Anfang ist, wieder eine Runde um den jetzt alt gewordenen Herrn Boy zu fröhlich nachdenklichem Erzählen und Fabulieren ein. War es damals ein Aufbruch, so ist es diesmal ein Abschied. Ein letztes Mal zwischen Weihnacht und Neujahr, also zum Jahreswechsel, findet hier jene literarische Geselligkeit statt, die der Autor und seine Helden so lieben und die den Leser bezaubert, ja durch Offenlegen der Spiel- und Schreibregeln selbst zur Teilnahme einlädt.
James Krüss gibt nicht nur für seine berühmten Abc- und Fünf-Finger-Gedichte Schreibanregungen, sondern auch Anleitungen für die Lektüre seiner Bücher. Folgt man diesen, so entdeckt man bald, daß die Erscheinungsdaten der einzelnen Bände nicht der inneren Chronologie (über weite Strecken vollziehen sie den Lebensweg des Autors nach) ihrer Geschichten entsprechen. Es gibt thematische Gruppen wie die auf Helgoland spielenden Bücher (»Mein Urgroßvater und ich« oder »Mein Urgroßvater, die Helden und ich« oder die »Tante Julie«-Bände) oder alle, die die Hummerklippen im Titel führen, oder wiederum die, die auf einer der für James Krüss Wahlheimat gewordenen Kanarischen Inseln spielen (»Paquito oder Der fremde Vater« bzw. »Amadito oder Der kleine Junge und ich«), und schließlich die beiden rund zehn Jahre auseinanderliegenden »Timm Thaler«-Bücher. Durch dieses Gruppieren erhält man zwar auch einen Zugang, aber die von Krüss spätestens in den 70er Jahren auch durch Überarbeiten älterer Fassungen unterlegte innere Logik erschließt sich eher über ein Bild, das der Autor als Erklärung für das Bauprinzip seines Buches »Freunde von den Hummerklip-

pen« in die Handlung des Bandes einflicht. Es handelt sich um einen 16strahligen Stern, dessen jeweilige Strahlen für die entsprechenden Geschichten des Buches stehen. Krüss erläutert sein Kompositionsprinzip wie folgt:
»Die Geschichten aber sind so angeordnet, daß sie in der Reihenfolge, in der wir sie erzählt haben (oder auch noch erzählen werden), zuerst links vom senkrechten Mittelstrich abwärts laufen, dann auf dem Senkrechtstrich – den Mittelpunkt durchlaufend – aufwärts und schließlich wieder abwärts rechts des Mittelstrichs.«
Graphisch entsteht dann folgende Figur:

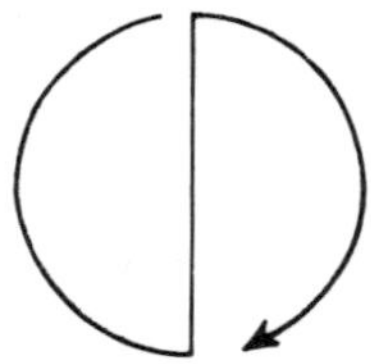

Unterlegt man dieser liegenden Acht den Strahlenstern, so ergeben sich Schnittpunkte, die die Abfolge und Zuordnung der Geschichten, Fabeln und Gedichte zueinander über das Strahlenzentrum bestimmen. Wie bei einem in kleinen, ruckweisen Drehungen bewegten und dann kurz angehaltenen Kaleidoskop gibt jede dieser Positionen den Blick auf kleine Kunstwerke frei. Die so vorgestellten Geschichten gehören darüber hinaus zu Hemisphären wie Ost und West, Nord und Süd; sie bilden untereinander Oppositionen und Ergänzungen. Auch entsteht so ein verborgenes Zentrum, der Schnitt- und Mittelpunkt des Sterns. In ihn stellt Krüss den antiken Fabeldichter Äsop. In diesem Zentrum, dem Schnitt- und Wendepunkt der Acht und des Strahlensterns treffen Anfang und Ende zusammen und stellen so Unendlichkeit her. Auch die Zahlen spielen eine große Rolle. Rechts wie links von der senkrechten Strahlenachse befinden sich jeweils sieben Teilstrahlen, die ihrerseits wieder in zwei mal drei um die horizontal gelagerte Achse als Teilbündel unterteilbar sind. Dadurch entstehen für Krüss die von altersher mystischen Zahlen Eins, Drei, Sieben, Zehn und Sechzehn. Hier vermischen sich wie in zahlreichen seiner Gedichte und Geschichten verschiedene Kulturen. So vermag beispielsweise die Eins für das Sein schlechthin zu stehen, die Drei für die christliche Heilige Dreifaltigkeit bzw. den Dreischritt der Märchen und Rätsel, die Sieben für die Zahl der Schöpfungstage und die Sechzehn für die Zahl der Grundelemente eines Uralphabets, auf das der sich auch sprachforscherisch betätigende James Krüss in seinen Büchern immer wieder zurückkommt. Aber damit noch nicht genug! Die Figur der liegenden Acht ist nicht nur in der Mathematik das Zeichen für »unendlich«, sondern steht in der fernöstlichen Tradition für »Yin und Yang«, für die Einheit der Gegensätze, für Jung und Alt, für Nord und Süd, Ost und West, für Männlich und Weiblich, für Anfang und Ende.

Überträgt man diese Strukturprinzipien auf den Gesamtzyklus, so ergibt sich auf allen geschilderten Ebenen ein in sich geschlossenes und doch zugleich offenes Spiel von Welt und Gegenwelt, von Korrespondenzen und Spiegelungen. Mit einer Ausnahme ist jedes seiner Bücher in sieben Kapitel = Tage untergliedert, nur die »Freunde von den Hummerklippen« nehmen mit ihren drei Tagen als Erzählabschnitte eine Sonderstellung ein. Wird dieser Band in den Mittelpunkt eines aus den übrigen Büchern gebildeten Strahlensterns gerückt, so bildet er den Schnitt- und Wendepunkt des gesamten Zyklus. Er leitet nicht nur von den Büchern, die ihren Ausgang von der norddeutschen Heimat unseres Autors nahmen, fort zu denen, die auf südlich oder östlich gelegenen Inseln bzw. im Kosmos ihren Ort haben. Sieben mal sieben Tage auf der einen Seite stehen so ebenfalls sieben mal sieben Tagen auf der komplementär entgegengesetzten Seite gegenüber und summieren sich zu der 1001 Nacht zitierenden Zahl von 101 Tagen.*

Ganz offensichtlich eignet diesem Autor ein starkes Bedürfnis nach Ordnung und Sinn. Wie in allen Schöpfungsmythen er-

* Graphische Darstellung des Zyklus auf Seite 47

scheint der dichtende Autor als Stifter einer komplexen Ordnung, die das geschaffene Werk in kosmische Zusammenhänge stellt. Auch der Tod verliert darin seinen individuellen Schrekken, beendet er doch nur, was an gleicher oder anderer Stelle aufs neue beginnt: das Leben. Krüss aber ist kein Stoiker. Durch sein ganzes Werk zieht sich die Anteilnahme an armen oder durch welche Umstände auch immer in ihrer Entfaltung behinderten Menschen. Scheint in Texten der ersten Lebenshälfte gelegentlich das spielerisch kecke Reimen durch, so stellt sich insbesondere in den beiden kanarischen Büchern seiner zweiten Phase (»Paquito oder Der fremde Vater« und »Amadito oder Der kleine Junge und ich«) ein behutsames, vorurteilsloses und verantwortungsbewußtes Erzähler-Ich vor. So läßt Krüss z. B. in »Paquito« seinen Erzähler Professor Kunkel zu dem Schweden Ingmar, der völlig hilflos auf die Hoffnung des kleinen Paquito reagiert, in ihm womöglich den unbekannten und heiß ersehnten Vater gefunden zu haben, sagen, daß er es nicht wage, dem Jungen diese Hoffnung zu nehmen. »Das ist alles so heikel mit dem Jungen. Und sehen Sie, ich bin kein Pastor, und ich bin kein Metzger. Ich muß keine Moral verteidigen und keine Tiere schlachten. Ich bin ein Botaniker, der die wehrlosen Pflanzen kennenlernen will, um sie zu schützen. Wie könnte ich die Hoffnungen von einem halben Kind zertrampeln?«

Die Auflösung der kindlichen Illusion überläßt Krüss der eigenen Entwicklung des Jungen. Er beschränkt die Rolle des erwachsenen Mentors auf einfühlende Beobachtung und sensible Hilfestellung. Diese behutsame Lenkung hin zur Entfaltung einer aus sich heraus freien und aufrecht lebenden Persönlichkeit wünscht sich Krüss nicht nur für seine literarischen Figuren. Er hat dies immer wieder klar und entschieden in Ablehnung privater wie staatlicher despotischer Gewalt als Ziel für alle gefordert, für das man ebenso wie für den Frieden kämpferisch und solidarisch einstehen müsse.

Ebenso wichtig ist für Krüss das sich verschenkende Lachen, dem er in »Timm Thaler« ein in die Literaturgeschichte eingehendes Denkmal gesetzt hat. So wie Chamissos Schlehmil sei-

nerzeit der Schatten vom Teufel abgekauft worden ist, so muß Timm sein silberhelles Lachen zurückgewinnen, das er für die Fähigkeit, alle Wetten zu gewinnen, dem Teufel Lefuet vermacht hat. Aber er erkennt rasch, daß Glück und Zufriedenheit nur durch Verschenken, nicht durch Besitz, Geld, Macht, Gier oder Geiz zu bewahren oder zu erlangen sind.
Auch wenn Krüss, insbesondere in »Abschied von den Hummerklippen«, angesichts der heute erkennbaren atomaren Bedrohung und der katastrophischen Umweltbelastung kaum Hoffnung auf eine friedliche Entwicklung der Menschheit zu haben scheint, so mag ihm der Blick in das Kaleidoskop seines Werkes, dessen sinnvoll geordnete Fülle und Schönheit das bedrohliche Chaos zu überstrahlen scheint, helfen, seine kämpferisch heitere Kraft wiederzugewinnen, uns weitere Blicke in den Zaubergarten seiner Kaleidoskop-Geschichten werfen zu lassen.

Heinz Blumensath ist Leiter des Pädagogischen Zentrums in Berlin

Zur graphischen Darstellung des Zyklus »Die Geschichten der 101 Tage«

Kyklos heißt Kreis, und der Zyklus »Die Geschichten der 101 Tage« läßt sich graphisch nur kreisförmig darstellen, und zwar durch einen Kreis mit sechzehn Radien, die man auch Strahlen eines Sterns nennen kann. Nur in einer solchen Anordnung – bei der man dann die Kreislinie auch weglassen kann – wird klar, was in einer linearen Anordnung nicht sichtbar werden würde: daß nämlich alle Bände des Zyklus über den Mittelpunkt des Kreises zusammenhängen und daß sich gegenüberstehende Bände entweder ergänzen, wie zum Beispiel die Geschichte des jungen Timm Thaler (»Timm Thaler oder Das verkaufte Lachen«) und die des älteren Timm Thaler (»Timm Thaler oder Die verkaufte Menschenliebe«), oder einander entgegengesetzt sind, wie etwa die Heldengeschichten in »Mein Urgroßvater, die Helden und ich« und die Narrengeschichten in »Signal Molly oder Die Reise auf der Kuh«.

Wie sich die 101 Tage ergeben, ist rasch erklärt. Da alle Bände – mit Ausnahme des mittleren – nach dem Schema der biblischen Schöpfungsgeschichte oder unserer Kalenderwoche in sieben Tage eingeteilt sind, ergeben die sieben Titel auf der linken Seite (Band 1 mußte wegen seines Umfangs in zwei Teilen erscheinen) neunundvierzig Tage, und die sieben Titel auf der rechten Seite (von denen Band 15 des Umfangs wegen in zwei Teilen erscheinen mußte) ergeben ebenfalls neunundvierzig Tage. Zählt man die drei Tage des mittleren Bandes – symbolisiert durch die senkrechte Achse des Sterns – hinzu, ergibt sich: 49 Tage + 3 Tage + 49 Tage = 101 Tage.

Die Anzahl der Radien oder Strahlen in diesem Schema, nämlich sechzehn, ergibt sich auch, wenn man von jeweils zwei Titeln, die sich über den Mittelpunkt gegenüberstehen, die Zählung der Reihenfolge summiert. Und übrigens: Die Sechzehn scheint kulturell wie biologisch zur frühen Menschheit zu gehören, denn nach phönizischen, griechischen und römischen Zeugnissen bestand das erste Alphabet der Menschheit aus sechzehn Buchstaben; und neuere Forschungen über unsere Erbausstattung sprechen von ursprünglich sechzehn Chromosomenpaaren beim Menschen.

DIE GESCHICHTEN DER 101 TAGE

Graphische Darstellung des Zyklus

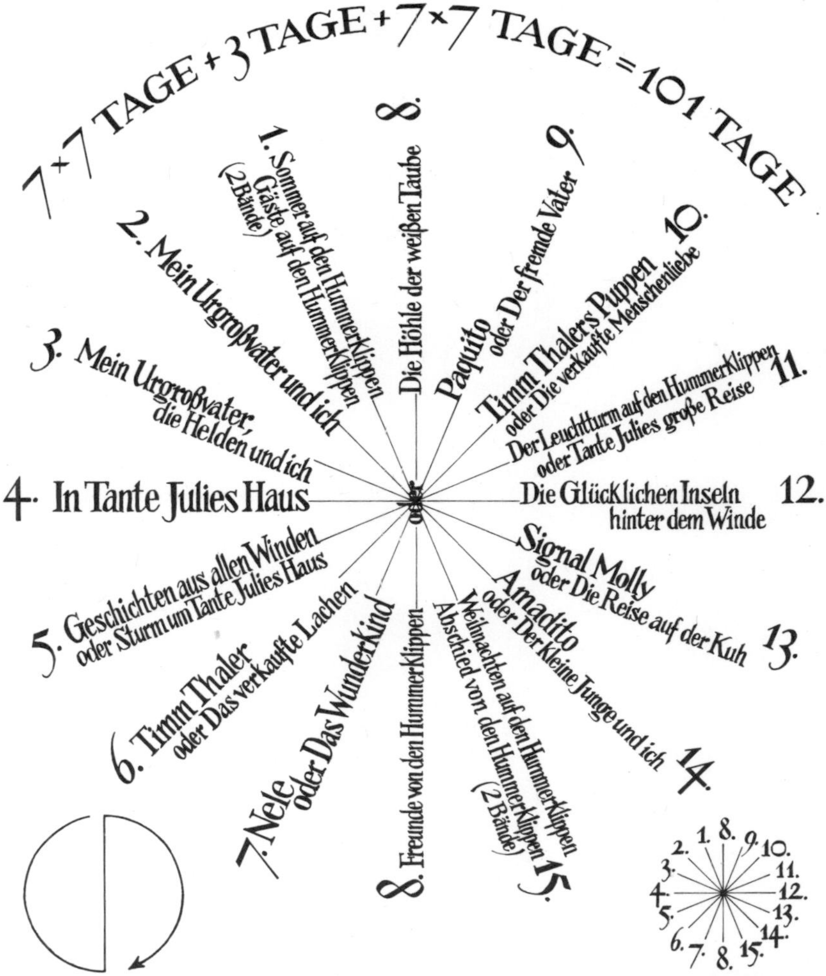

REIHENFOLGE
VERLAUF

Komplementäre oder Konträre Bücher
liegen einander über dem Mittelpunkt gegenüber

REIHENFOLGE
ZÄHLUNG

James Krüss
Sechs Jahrzehnte

Eine autobiographische Skizze

Die Kindheit dauert tausend Jahre, das Altern einen Augenblick.

Meine eigene Kindheit, die stattfand auf der Insel Helgoland, verliert sich – je weiter nach rückwärts, um so hoffnungsloser – in tiefes Dunkel, so wie jede Kindheit und wie die Anfänge der Menschheit auch. Die paar Erinnerungsblitze, die das Dunkel kurz und grell erhellen, machen nur deutlicher, wie tief die Finsternis für das Erinnern ist.

Mein erstes Blitzbild, das mir das Gedächtnis aufbewahrt hat: Es fällt ein Schuß in meiner Nähe, und eine Möwe, die ich grad noch segeln sah, fällt klatschend auf ein rundes Blechdach nieder, das – wie ein Foto mir später bewies – einer gußeisernen Bedürfnisanstalt aufsaß, die, wilhelminisch-schnörkelig gegossen, vor der Landungsbrücke stand.

Die andern Szenchen, die das Dunkel kurz erhellen: Es scheuert sich ein Bart an meiner Wange, und vor mir (und vor dem, der mich auf seinen Armen trägt) reiben sich Eisblöcke mit lautem Knirschen aneinander, die von der Elbe – wie ich heute weiß – aus ihrem breiten Mündungstrichter ausgestoßen worden sind.

Dann eines Schneefalls weiße Hülle, aber als Hülle um noch eine andere herum, nämlich um ein warmes schottisches Plaid, in dem ich eingemummelt durch die kalte Winterluft getragen werde – zu Onkel Paul hin, der in seinem Wohnzimmer auf einer Staffelei mit kräftigen Farben Blumen malt.

Schließlich Geruch nach Haarwasser, Parfüms und Seifen und ein Friseurspiegel, dem ich auf einem Drehstuhl zugewendet werde. Und dann mein furchtbares Erschrecken, als mich im Spiegelglas statt eines blonden Lockenkopfes, der ich doch bis zu jenem Tag gewesen war, ein Jüngelchen mit Preußenscheitel und mit hohlen Wangen anschaut, das ich von da an lange bleiben sollte.

Mehr weiß ich aus der dunklen Zeit der frühen Kindheit nicht zu melden – außer daß sie Jahrhunderte gedauert hat. Doch ist der Mensch ja jenes soziale Wesen, das alles, was es selber nicht erlebt hat (weil es etwa vor seiner Zeit geschah oder von ihm bewußt nicht wahrgenommen wurde), eben doch mitbekommt – als Überlieferung. Das kann geschehn in Form der ungesicherten Anekdote, die beispielsweise über mich berichtet, ich hätte schon als winziger Knabe, als mir ein Tortenstück zu klein erschien, gedichtet:

Ein kleiner Magen
kann auch was vertragen.

Oder es kann geschehn in Form einer verbürgten Nachricht – in meinem Falle etwa der, daß meine Geburt am letzten Tag des Mais im Jahre 1926 erfolgte, einige Stunden vor der Geburt eines Mädchens, das später Marilyn Monroe hieß, und daß in diesem Jahr lokal und international zwei Schlußstriche gezogen wurden: einer unter das erste Jahrhundert des Helgoländer Bades, das nun seine Anfänge hinter sich hatte und selbstbewußt als Heil- und Nordseebad firmierte, ein anderer unter einige Jahrtausende der Sklaverei, die abgeschafft wurde vom Völkerbund in Genf, der damit ein Kapitel der Menschheitsgeschichte abschloß, das noch mit Blut und Tränen niedergeschrieben worden war.

Die Überlieferung in Form verbürgter Nachrichten machte mich aber auch damit bekannt, daß im Jahr meiner Geburt eine Entwicklung eingeleitet wurde, die die Menschheit enger als je zuvor in ihrer Geschichte zusammenrücken ließ. So schlossen sich, um die Menschen auf Rädern einander näherzubringen, die alten Konkurrenten Daimler und Benz in jenem Jahr zusammen. So wurde, um sie auch auf dem Luftwege enger zusammenzubringen, in Deutschland die Lufthansa gegründet. So wurde in Berlin, um auf tönenden Wellen sie auch im Geschwätz einander nahzubringen, der Funkturm seiner Bestimmung übergeben. Und so wurde bei der Deutschen Reichspost, damit die Menschen nicht nur mit den Ohren, sondern auch mit den Augen sich näher auf den Leib rücken könnten, mit der Entwicklung des Fernsehens begonnen.

Ich, der ich in der Wiege lag, war noch ein unbeschriebenes Blatt in jenem Jahr, sollte aber schon bald beschrieben werden mit den Zeichen meiner Zeit, und das wurde, als ich zur Schule kam, zunächst das Hakenkreuz.
Als ich aber ein schon beschriebenes Blatt war, als ich das erste Jahrzehnt meines Lebens hinter mir hatte, als ich auch schon zwei Sprachen sprach, nämlich das Inselfriesisch und das Deutsch vom Festland, als ich in beiden Sprachen auch Gedichte schrieb (über die Nordsee, die SA und nie gesehene Bergesalmen), kurzum, im Jahre 1936, fanden in Deutschland zwei Ereignisse statt, die Ruf und Stellung jenes Mannes festigten, der für mein folgendes Jahrzehnt die Weichen stellen sollte. Die Ereignisse waren die Olympischen Spiele und die Reichstagswahl. Der Mann war Adolf Hitler.
Dieser Mann nützte all das, was doch die Menschen friedlich hätte einander näherbringen sollen, für den Krieg aus: die Räder, die nun *rollten für den Sieg*, die Flugzeuge, die Bombenlasten trugen, das Radio, in dem er sich haßgeifernd überschrie. Allein das Fernsehen gab es zu jener Zeit noch nicht. (Und das zu seinem Glück: Es hätte ihn entlarvt.)
Am Ende meines zweiten Lebensjahrzehnts jedoch, im Jahre 1946, war dieser Mann (diesmal zu *meinem* Glück) schon tot. Sein Krieg war aus, sein Reich zerstört. Helgoland, meine Heimatinsel, war umgepflügt durch Bomben und einstweilen unbewohnbar. Ich selbst war im zivilen Leben, nach einem allerdings nur provisorischen Examen, Lehrer. Fürs Militär aber, zu dem man mich als Achtzehnjährigen geholt hatte, war ich ein Fahnenjunker-Unteroffizier. Ich hatte noch ein Jahr lang, im damaligen Mitteldeutschland, Krieg gespielt, war aber nach Kriegsende in ziviler Kleidung, zuerst zu Fuß, danach per Rad, vom Böhmischen, von Aussig her, bis Hamburg und weiter bis zum Nordwestzipfel des ehemaligen Reiches gelangt.
Hier, an der Elbmündung und in Cuxhaven, starb, nur wenig mehr als vierzig Jahre alt, mein Vater. Hier hatte ich, knapp aus dem Krieg zurück, ein Buch geschrieben, das nun, da ich zweimal zehn Jahre alt war, erschien. Von hier aus zog ich auch, da

Luftaufnahme vom Süden der Insel aus, um 1930. Im Vordergrund das Südhafengelände mit Sportplatz und kleinem Strandbad. Links im Bild die alte Südspitze des Felsens mit dem »Mönch« und dem »Hoyshörn«
Foto: Aus dem Gemeindearchiv

nun das provisorische Examen nicht mehr galt, nach Lüneburg, um noch einmal, gleich vier Semester lang, zu studieren. Mein drittes Lebensjahrzehnt begann ich wieder als Student, aber auch schon als ein gedruckter Autor.
Als dieses dritte Lebensjahrzehnt beendet und ich zum zweiten Mal ein Lehrer war, doch ohne das zu nutzen, da waren Deutschland und die Welt verändert. Die Deutsche Mark war hart. Die deutschen Grenzen waren wieder offen. Die deutschen Großdichter der Stunde hießen Benn und Brecht. Im *Spiegel*, den sich die Nation jetzt jeden Montag vorhielt, hieß es, daß jetzt *die Freßwelle im Rollen* sei. Jenseits der Ostgrenzen aber fing's an zu tauen: In der Sowjetunion wurde Stalin entthront. In Ungarn wagte man den Aufstand.
Ich lebte in diesem Jahr, mit dem mein viertes Lebensjahrzehnt begann, im Jahre 1956, in München. Mein erstes Kinderbuch erschien. Ich stand auf freundschaftlichem Fuß mit Erich Kästner. Ich sah zum fünften Male Jugoslawien, das sich Jahre zuvor von Stalin schon gelöst hatte, sah Griechenland und – gar nicht lange vor dem Aufstand – Ungarn, was alles ich zu Rundfunksendungen verarbeitete. Denn für den Rundfunk schrieb ich damals viel, vor allem Hörspiele für Kinder.
Und ein Jahrzehnt lang, bis ich vierzig war, tummelte ich mich nun in allen *Medien*, wie man das später nannte, und nutzte munter all jene Kommunikationsmöglichkeiten, deren Feen meine Wiege umstanden hatten. Ich schrieb und sprach fürs Radio, schrieb und agierte fürs Fernsehen, kaufte mir flinke Autos, die ein Freund chauffieren mußte, und zog, wenn ich auf Reisen ging, was ich sehr oft und gerne tat, das Flugzeug bald den Fahrzeugen mit Rädern oder Kielen vor.
Zu Beginn meines fünften Lebensjahrzehnts, im Jahre 1966, dem Jahr der Kulturrevolution in China und der großen Koalition im westlichen Deutschland, blickte ich schon auf eine stattliche Anzahl gedruckter Werke zurück. In Japan gab's schon *Ausgewählte Werke*, und ein paar Preise hatte man mir auch schon überreicht. Doch fand ich, ein gelernter Insulaner, daß das mir vorgesetzte Pensum Festland jetzt erfüllt und es genug des

Tummelns in den Medien sei. Ich zog, um mich allein dem Schreiben von Büchern zu widmen, wieder auf eine Insel, und meine Wahl fiel auf die Insel Gran Canaria.
Auf dieser Insel vor der Saharaküste, in Spaniens fernster afrikanischer Provinz, erlebte ich das Ende einer der letzten Diktaturen Westeuropas mit und den Beginn eines Tourismus, der in Flugzeuggeschwadern Menschenströme über den Erdball bewegt.
Aber hier, in einem kleinen Dorf, das vom Tourismus kaum berührt wird, in einem Haus am Rande einer Schlucht, fand ich auch Zeit, all das, was ich zuvor munteren Sinnes in die Welt hinausgeschrieben hatte, zu sichten und zu ordnen und in Bücher einzufassen, die alle miteinander schön zusammenhängen.

Als dann im Jahre 1976, zu Beginn des sechsten Lebensjahrzehnts, mein fünfzigster Geburtstag auf der schon wieder bewohnten alten Heimatinsel Helgoland gefeiert wurde, erschien meine Bibliographie, deren Umfang niemanden mehr erstaunte als mich.
Und die zehn Jahre, die auf diesen groß gefeierten Geburtstag folgten, sind nun, da ich dies fast sechzigjährig niederschreibe, wie ein Wind vergangen, obwohl ich doch in diesen Jahren zum erstenmal die Neue Welt gesehen und einen umfangreichen Bücherzyklus nicht ganz mühelos beendet habe.
Doch hadere ich – nachweisbar alt, vielleicht auch etwas weise – nicht mit meinem Schicksal, weil ich inzwischen weiß, wie's zugeht auf der Welt. Heut weiß ich ja: Die Kindheit dauert tausend Jahre, das Altern aber währt nur einen Augenblick.

Sechs sandige Kinderbeine vor der Helgoländer Badedüne.
James, Marlis und Erni im Sommer 1935
Foto: Aus dem Familienalbum

Der Gourmet als Koch am eigenen Herd,
1962 in Gilching bei München
Foto: Georg Schödl

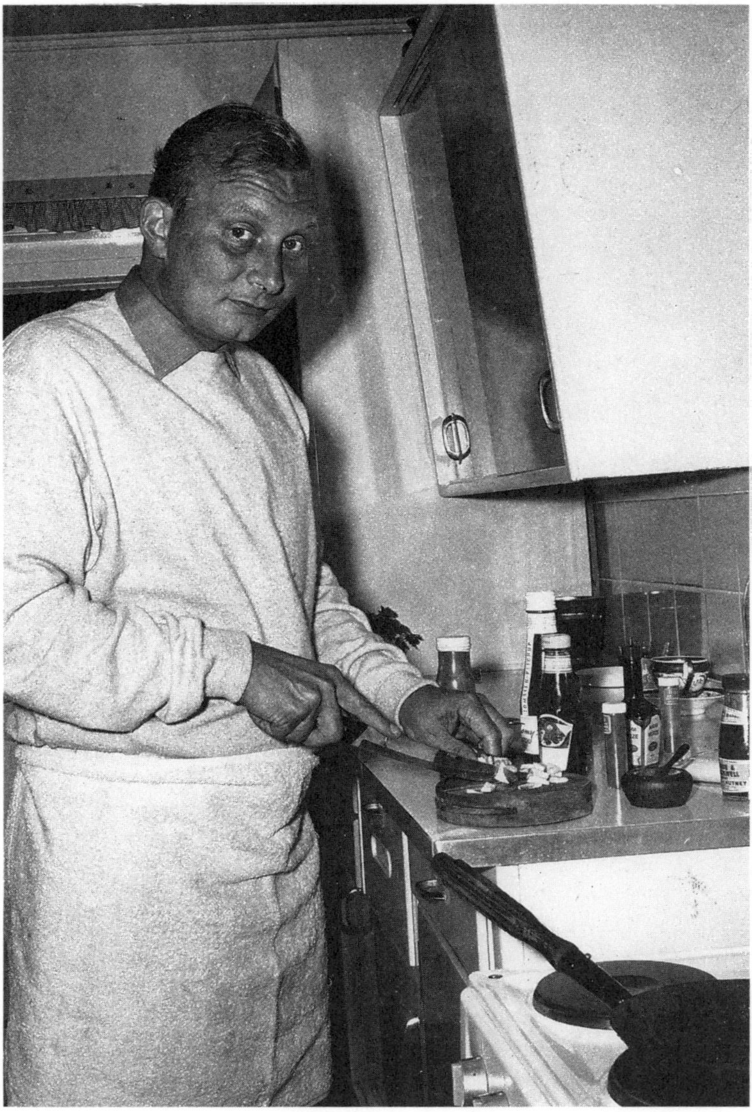

Zeittafel

1926 Am 31. Mai, einem Montag, vier Tage nach Vollmond, auf der Insel Helgoland geboren als erstes Kind des Elektrikers Ludwig Krüss und seiner Ehefrau, der Hummerfischertochter Margareta, geb. Friedrichs. Getauft auf die Namen James Jacob Hinrich.

1928 Geburt der Schwester Erni, der der Bruder bei der ersten Besichtigung eine Ohrfeige gibt.

1930 Geburt der Schwester Marlis. Vater arbeitslos, hat also Zeit für seinen Jungen. Dessen Berufswunsch: arbeitslos.

1931 Das erste Gedicht verfaßt, in Helgoländer Friesisch.

1932 Eintritt in die Volksschule an der Hand seiner Freundin Lydia Bufe.

1933 Entsetzen beim Anblick der toten Obergroßmutter.

1934 Röhmputsch. Die Zigarettenbilder von Röhm müssen gegen die von Victor Lutze umgetauscht werden.

1936 Gegen einen Lehrer, der in die Ohren kneift, Zeitschrift *Die Kneifzange* gegründet, Preis 5 Pfg., Linolschnitte Jäckie Singer.

1938 Geburt des Bruders Detlef.

1939 Am 1. September Ausbruch des Zweiten Weltkrieges. Die der Insel vorgelagerte Badedüne wird zum Ärger aller Kinder Militärgelände.

1940 Verspätet in die Mittelschule gekommen.

1941 Bombeneinschlag in unmittelbarer Nähe. Evakuierung der Helgoländer Familien erst nach Arnstadt in Thüringen, dann nach Hertigswalde bei Sebnitz in Sachsen.

1942 Mittelschulabschluß. Lehrerbildungsanstalt Lunden/Schleswig-Holstein. SPRUNG AUFS FESTLAND. Insel nur noch in den Ferien besucht.

1943 Lehrerbildungsanstalt Ratzeburg.

1944 Bernhard-Rust-Hochschule Braunschweig. Hier ein Stück in Versen, *Münchhausen fährt zum Monde*, frei nach Erich Kästners Film gedichtet, das von Studenten unter Mitwirkung des Autors aufgeführt wird. Seit Spätsommer Soldat der Luftwaffe.

1945 Nach der Kapitulation von Aussig in Böhmen zu Fuß und per Rad nach Hamburg. Dann zu den Eltern nach Cuxhaven. Helgoland unbewohnbar.

1946 Tod des Vaters, der nur 42 Jahre alt wurde. Erstes Buch *Der goldene Faden*, veröffentlicht im Parus Verlag, Hamburg. Beginn des Studiums an der Pädagogischen Hochschule Lüneburg.

1948 Examen als Volksschullehrer. Zum Verleger des Parus Verlages, Max Bruhn, nach Reinbek bei Hamburg gezogen. Die Zeitschrift *Helgoland* gegründet für die von ihrer Insel vertriebenen Helgoländer. Die Zeitschrift existierte bis 1956.

1949 SPRUNG IN DEN SÜDEN zu Freunden in Lochham bei München. Nur zu Besuchen in den Norden zurückgekehrt.

1950 Zimmer in Lochham gemietet. Bekanntschaft mit Erich Kästner. Mit ihm in Hilversum. Funkbearbeitung seiner *Konferenz der Tiere*.

1951 Kinderhörspiele für alle deutschen, später für viele europäische Sender. Kindergedichte regelmäßig in »Die Neue Zeitung« und »Süddeutsche Zeitung«, beide München. Erste Italienreise.

1952 Aufenthalt auf der Insel Terschelling. Holländisch gelernt. Zweite italienische Reise. Erster Aufenthalt an der jugoslawischen Adria.

1953 Erstes Bilderbuch *Hanselmann reist um die Welt.* In London.

1954 Mit Peter Hacks an der jugoslawischen Adria. Gemeinsam Kindergedichte verfaßt. Sie später geteilt.

1955 Dritte Italienreise. Jugoslawien per Zug erobert. Schon in der Lage, sich serbokroatisch auszudrücken.

1956 Erstes Kinderbuch *Der Leuchtturm auf den Hummerklippen* im Verlag Friedrich Oetinger, Hamburg, der Hauptverlag wird. Reisen nach Jugoslawien, wo der *Leuchtturm* einige Monate vor der deutschen Originalausgabe in kyrillischer Schrift erscheint, und nach Griechenland. Autounfall in der ungarischen Pußta heil überstanden.

1957 Entstehen des Kinderbuches *Mein Urgroßvater und ich* vom 9. Januar bis 14. September. Erscheinen des erfolgreichsten Bilderbuches *Henriette Bimmelbahn.* Reisen in Bayern.

1958 Arbeit an der Kindergedicht-Anthologie *So viele Tage wie das Jahr hat.* Wegen der ständigen Frequentierung der Bayerischen Staatsbibliothek zusätzlich ein Zimmer in München gemietet. Vierte Italienreise. Auch wieder in Jugoslawien.

1959 Mit Gelbsucht im Krankenhaus und zur Kur. Die im Vorjahr begonnene *Geschichte von Gay, der sein Lachen verkaufte* fortgesetzt und umbenannt in *Timm Thaler oder Das verkaufte Lachen.* Wieder in Jugoslawien.

1960 Deutscher Jugendbuchpreis für *Mein Urgroßvater und ich.* Über Nacht berühmt wegen einer 10minütigen Lesung daraus in der Fernseh-Tagesschau. Empfänge durch den Hamburger und Berliner Senat. Kauf eines Häuschens mit Garten in Gilching bei München.

1961 Zum erstenmal nach dem Krieg wieder auf Helgoland. Nach Jugoslawien zum Tintenfischstechen. Intensive Arbeit an *Timm Thaler.*

1962 Beendigung und Erscheinen von *Timm Thaler oder Das verkaufte Lachen.* In Jugoslawien.

1963 Fernseh-Serie für Kinder *Abc und Phantasie.* Lesereisen. Reise nach Jugoslawien.

1964 Deutscher Jugendbuchpreis für *3 × 3 an einem Tag* (Bilderbuch, illustriert von Eva Johanna Rubin). Erstes eigenes Auto, aber kein Führerschein. Letzte Reise nach Jugoslawien. Reisen ins Elsaß, in die Schweiz, nach Österreich und nach Teneriffa.

1965 Beginn der Fernseh-Serie für Kinder *James' Tierleben.* Mit Suzanne Doucet und Hans Clarin. Große Popularität. Reise nach Gran Canaria. Dort ein Haus erworben.

1966 Ausstellung in der Stadtbücherei München zum 40. Geburtstag. Umzug nach Gran Canaria. SPRUNG AN DIE AFRIKANISCHE KÜSTE. Spanisch gelernt. Nur noch zu Besuchen in Europa.

1967 In Berlin Namensgebung der ersten James-Krüss-Schule. Auf der kleinsten Kanarischen Insel, Lobos, Film mit Hans Clarin gedreht. Sahara-Aufenthalt. Dort *Mein Urgroßvater, die Helden und ich* beendet.

1968 Mit dem Internationalen Jugendbuchpreis, der Hans-Christian-Andersen-Medaille, für das Gesamtwerk ausgezeichnet. In Madrid Vortrag auf spanisch gehalten. Wieder in der Sahara.

1969 In Südwestafrika und in Spanien. Sehr viel Besuch aus drei Kontinenten. Auf dem Dach des Hauses auf Gran Canaria Bau des Studios, in dem der Zyklus *Die Geschichten der 101 Tage* beendet werden soll.

1970 Gloria Fuertes und andere oppositionelle Autoren Spaniens zu Gast. Beschäftigung mit Sprachproblemen. Zusammenstellung der Nonsens-Anthologie *Seifenblasen zu verkaufen.* In Europa.

1971 Fernseh-Serie *Alle Kinder dieser Erde* mit Udo Jürgens. In Portugal. Beginn der kanariologischen Studien.

1972 In Moskau, Kiew und Leningrad mit Barbara König, Ingeborg Drewitz, Günther Wallraff, Carl Dedecius und Paul Schallück. Wahl in den PEN-Club.

1973 Tosiro Uedo erhält vom japanischen Übersetzerverband den ersten Preis für seine Übersetzung der *Ausgewählten Werke* von James Krüss.

1976 50. Geburtstag auf der Insel Helgoland gefeiert. Erscheinen einer umfangreichen Bibliographie von Marga Knauer, Sekretärin von James Krüss, im »Oetinger Almanach«. Geburtstagsfeier in der DDR in kleinerem Rahmen im Köpenicker Schloß. (Die meisten Krüss-Bücher erschienen von Anfang an auch in der DDR, manche sogar dort zuerst.)

1977 Vortrag im »Institutum Canarium«, Hallein/Österreich. Anschließend Lesungen in beiden Tirol und fünfte Italienreise. Jahresende auf Helgoland.

1978 Arbeit an der Gesamtkonzeption des Zyklus. Reisen nach Madrid und Athen.

1979 Vortrag im PEN-Club in Hannover. Reise nach Griechenland. Beginn der Arbeit am *Schmöker-Lexikon* und am Roman *Der Harmlos.* Ende des Jahres *Timm Thaler* als Serie im Fernsehen.

1980 Reise durch die spanische Landschaft La Mancha auf Don Quijotes Spuren für die Zeitschrift GEO. Reise in die USA. In New York Empfang durch Verlag Atheneum.

1981 Viel Besuch, darunter von Janosch, der auf die Kanarischen Inseln übersiedeln will, und Heinar Kipphardt, der hier sein Traumbuch beendet. Reise im Auto mit Chauffeur zur Namensgebung der James-Krüss-Schule in Barmstedt bei Hamburg. Tod der Mutter.

1982 Abwechselnd Arbeit am Roman, am Lexikonband und am Zyklus. Einige Tage in totaler Einsamkeit in einer Bucht der Kanareninsel El Hierro. Reise nach Venezuela. Hier zum erstenmal im Urwald.

1983 Arbeit am Roman und am Zyklus. Große mitteleuropäische Reise im Auto mit Chauffeur: Vorstellung von *Meyers Buch vom Menschen und von seiner Erde*, erschienen im Bibliographischen Institut, Mannheim, anschließend sechste Italienreise, Reisen nach Südfrankreich und an die Ost- und Südküste Spaniens.

1984 Feier des 58. Geburtstages in der Deutschen Schule in Madrid. Anschließend in Las Palmas Herzinfarkt, sekundär verursacht durch heftige Temperaturunterschiede (Toledo +30° C, Segovia −2° C). Danach Rauchen eingestellt, Alkohol (Rotwein) nur noch in geringen Mengen, häufige Strandspaziergänge. Ende des Jahres schon wieder zu einer einstündigen Fernsehsendung in Berlin fähig.

1985 Lesung in der Akademie der Künste, Berlin, und im Ostberliner Theater im Palast. Keine Reisen. Beendigung des Zyklus.

1986 Mit dem Buch *Nele oder Das Wunderkind*, das im August erscheint, liegt der Zyklus im Verlag Friedrich Oetinger geschlossen vor. Eine 17bändige Taschenbuchausgabe, bei der die Tage von 1 bis 101 durchgezählt werden, erscheint ab Mai im Otto Maier Verlag, Ravensburg.

Erich Kästner
Nachwort eines älteren Kollegen

(Auszug)

Als James Krüss am 31. Mai 1926 auf der Insel Helgoland das Licht der Welt, den Leuchtturm und die Nordsee erblickte, war ich 27 Jahre, 3 Monate und 5 Tage alt. Bei diesem nicht unbeträchtlichen Altersunterschied zwischen ihm und mir ist es begreiflicherweise geblieben. Dergleichen läßt sich nicht korrigieren. Krüss und mich trennt, kurz gesagt, eine Generation. Sonst aber, glaube ich, trennt uns wenig.

Zu den gemeinsamen Zügen gehört, daß wir beide, blutjung und jeder zu seiner Zeit, die dornenvolle Laufbahn des Volksschullehrers aufgaben und uns aufs Schreiben verlegten, nicht zuletzt auf die Jugendschriftstellerei. Wir wurden den Lehrern untreu und hielten den Kindern die Treue.

Bei unserer ersten Begegnung war James Krüss dreiundzwanzig Jahre alt. Er kam in Lederhosen und rotem Pullover, und er kam aus Hamburg. Ohne Geld und voller Pläne. Das war 1949. Der blonde junge Mann fragte, ob ich ihm die Erlaubnis gäbe, aus meinem Buch »Die Konferenz der Tiere« ein Hörspiel zu machen. Ich war einverstanden. Krüss ging an die Arbeit. Und als ich später, in einer Kabine des Bayerischen Rundfunks, ganz allein und mit angespannter Aufmerksamkeit, das Tonband gehört hatte, war ich hell begeistert. Der junge Mann im roten Pullover hatte die Aufgabe fehlerlos gelöst. Aus der Fabel war ein Lustspiel geworden, und aus dem Bilderbuch ein Ohrenschmaus, der sich wahrhaftig hören lassen konnte.

Von diesem Tag an wußte ich, daß sich auf dem Gebiet der deutschen Jugendliteratur ein neues Talent eingefunden hatte. Ich genoß die Freude, die das Herz erwärmt, wenn man, befragt oder auch ungefragt, jemanden empfiehlt, der es verdient.

Nun, das ist zwölf Jahre her, und aus dem jungen Mann im roten Pullover ist inzwischen, ohne langes Federlesen, einer der beliebtesten und angesehensten Jugendschriftsteller geworden, und das gilt nicht nur fürs deutsche Sprachgebiet. James Krüss hat Glück gehabt? Freilich! Auch Glück ist ein Talent, und wer kein Glück hat, hat ein Talent zuwenig.

Er schrieb Hörspiele. Er arbeitete für Schallplattenfirmen. Er erfand und reimte Bilderbuchtexte. Er übersetzte Stevensons

Südstrand und Falm, 1937 von der Landungsbrücke aus gesehen. Im Vordergrund die Helgoländer Börte-Flotte
Foto: Franz Schensky

Kinderverse. Er veröffentlichte im Verlag Oetinger die ersten Erzählungen, »Der Leuchtturm auf den Hummerklippen« und »Die Glücklichen Inseln hinter dem Winde«. Er sammelte, für den Verlag Sigbert Mohn, 365 der besten deutschen Kinderge-

Der große Boy 1985 auf Gran Canaria, rund 4000 Kilometer von Helgoland entfernt
Foto: Hanna Rau

dichte. Es wurde eine beispielhafte Beispielsammlung, vom Barock bis in die jüngste Gegenwart, mit dem Titel »So viele Tage wie das Jahr hat«. Er schrieb für den Schluß dieser Anthologie eine knappe und kenntnisreiche Geschichte des deutschen Kindergedichts, von Abraham a Santa Clara und Angelus Silesius bis zu unseren nach 1920 geborenen Kinderpoeten Eva Rechlin, Josef Guggenmos, Peter Hacks und James Krüss selber. Er schrieb fürs Fernsehen. Und er schrieb das Buch »Mein Urgroßvater und ich«, das mit dem Deutschen Jugendbuchpreis des Jahres 1960 ausgezeichnet wurde.

Mit dieser offiziellen Ehrung hatte Krüss das erste Etappenziel seiner Laufbahn erreicht, ohne Sturz und ohne Reifenschaden. Er war auf dem Glücksrad dahergekommen. Auf dem roten Pullover stand, in unsichtbarer Schrift, das Wort »Fortuna«.

Doch jetzt zur Hauptsache. Vom Glück war reichlich die Rede. Auch vom Fleiß wurde schon gesprochen. Vielleicht ein wenig zuwenig. Denn der Herr, der es den Seinen im Schlaf gibt, scheint von schlafenden Schriftstellern nicht viel zu halten. Es ist ihm lieber, wenn sie arbeiten. Genie sei Fleiß, hat Goethe gesagt. Und da sollten seine kleinen Kollegen es leichter haben? Doch die Hauptsache, trotz Glück und Fleiß und Goethezitat, ist und bleibt die Begabung. Sie ist das Geschenk des Geschicks, die Mitgift an der Wiege, das Pfund aus der Bibel. Nach den Ursachen zu fragen wäre Zeitverschwendung. Es wäre, als wolle man nachforschen, ob Greta Garbo eine hübsche Tante hatte.

Was für James Krüss gilt, gilt für jeden talentierten Jugendschriftsteller, wo er auch leben oder gelebt haben mag. Er ist ein guter Jugendschriftsteller, weil er ein guter Schriftsteller ist. Das ist ein wichtiger Punkt. Gute Jugendschriftsteller sind gute Schriftsteller. Es ist schade, daß sich diese Gleichung nicht umkehren läßt. Denn wenn jeder gute Schriftsteller auch ein guter Jugendschriftsteller wäre, könnten sich die Kinder vor guten Büchern nicht retten. Das ist leider nicht der Fall, weil der gute Jugendschriftsteller, außer daß er ein guter Schriftsteller ist, noch etwas ganz anderes sein und geblieben sein muß: ein Kind, ein lebenslängliches Kind.

Bibliographie aller deutschsprachigen Originalausgaben von James Krüss

(Zusätzlich sind die im Verlag Friedrich Oetinger erschienenen Neuausgaben aufgeführt)

I. Romane und Erzählungen für Kinder

Der Leuchtturm auf den Hummerklippen

Ill.: Jutta Benecke-Eberle. Hamburg: Oetinger 1956. – Verb. u. erw. Ausg. Ill.: Rolf Rettich. Hamburg: Oetinger 1961. – Bearb. Neuausg. unter dem Titel *Der Leuchtturm auf den Hummerklippen oder Tante Julies große Reise.* Ill.: Rolf Rettich. Hamburg: Oetinger 1979

Die Glücklichen Inseln hinter dem Winde

Ausg. in einem Band. Ill.: Eberhard Binder-Staßfurt. Ost-Berlin: Neues Leben 1958. – Ausg. in zwei Bänden. Bd. 1/2 Ill.: Eberhard Binder-Staßfurt. Hamburg: Oetinger 1959/60. – Neuausg. in einem Band. Ill.: Eberhard Binder-Staßfurt. Hamburg: Oetinger 1979

Mein Urgroßvater und ich

Ill.: Jochen Bartsch. Hamburg: Oetinger 1959

Florentine

Bd. 1 *Florentine und die Tauben.* Ill.: Erika Meier-Albert. München: Obpacher 1961

Bd. 2 *Florentine und die Kramerin.* Ill.: Erika Meier-Albert. München: Obpacher 1962

Die Sprechmaschine

Ill.: Dietrich Lange. Ravensburg: Otto Maier 1962

Timm Thaler oder Das verkaufte Lachen

Roman. Hamburg: Oetinger 1962. – Bearb. Neuausg. Hamburg: Oetinger 1979

Adler und Taube

Ill.: Marie-Luise Pricken u. Stefan Lemke. Hamburg: Oetinger 1963

Abc und Phantasie

Ill.: Erika Meier-Albert. Taschenbuch. Ravensburg: Otto Maier 1964

Annette mit und ohne Mast

Ill.: Eberhard Binder-Staßfurt. München: Betz 1964

Pauline und der Prinz im Wind

Ill.: Jochen Bartsch. Hamburg: Oetinger 1964

Das Hemd des Glücklichen und andere Kinderhörspiele

Ill.: Jochen Bartsch. München: Domino 1965

Sängerkrieg der Heidehasen und andere Kinderhörspiele

Ill.: Jochen Bartsch. München: Domino 1965

Mein Urgroßvater, die Helden und ich

Ill.: Eberhard Binder-Staßfurt. Ost-Berlin: Alfred Holz 1962. – Ill.: Jochen Bartsch. Hamburg: Oetinger 1967

Bienchen, Trinchen, Karolinchen

Ill.: Edith Witt. Stuttgart: Boje 1968

Briefe an Pauline

Ill.: James Krüss. Hamburg: Oetinger 1968

Gongo

Bd. 1 *Gongo und seine Freunde.* Ill.: Erika Meier-Albert. München: Betz 1969

Bd. 2 *Gongo geht in die Luft.* Ill.: Erika Meier-Albert. München: Betz 1969

In Tante Julies Haus

Ill.: Jochen Bartsch. Hamburg: Oetinger 1969

Pan Tau

Bd. 1 *Pan Tau und die Kinder im Schnee.* Erzählt nach dem gleichnamigen tschechischen Fernsehfilm. Bildauswahl: Juergen Seuss. Fotos: Alena Cervena. Köln: Middelhauve 1970

Bd. 2 *Pan Tau und eine schöne Bescherung.* (Siehe Bd. 1)

Bd. 3 *Pan Tau, ein Junge und ein großer Dampfer.* (Siehe Bd. 1)

Das Buch der sieben Sachen

Ill.: Ulrik Schramm. München: Betz 1973

Geschichten aus allen Winden oder Sturm um Tante Julies Haus

Ill.: Jochen Bartsch. Hamburg: Oetinger 1973

Flora biegt Balken

Ill.: Friedrich Kohlsaat. Taschenbuch. Hamburg: Rowohlt 1974

Der kleine Flax

Ill.: Janosch. Hamburg: Oetinger 1975

Der fliegende Teppich

Geschichten und Gedichte für 101 Tag. Ill.: Rolf Rettich. Hamburg: Oetinger 1976

JAMES KRÜSS erzählt in diesem Buch von seinem Urgroßvater, einem weisen alten Hummerfischer, der sein Boot an Land gezogen hat und nun Kinder-
Mein Urgroßvater und ich
OETINGER
kreisel und Kindergedichte drechselt. Mit seinem damals zehnjährigen Enkel, Boy genannt, erzählt und reimt er sieben Tage lang Geschichten und Verse. Mal sind sie dabei in der Hummerbude von Boys Obergroßeltern auf dem Oberland der Insel
DEUTSCHER JUGENDBUCHPREIS

JAMES KRÜSS hat die Geschichte von Tante Julies Haus geschrieben, dem fidelen Haus, in dem sie zusammen mit Sandmann und Rasputin wohnt, Napfkuchen ißt,
In Tante Julies Haus
OETINGER
Glühwein trinkt und dichtet. In Tante Julies Haus haben alle Zimmer Namen, und keines sieht wie das andere aus. Bei Regenwetter muß man sieben Zinkwannen auf den Speicher schleppen, weil es durch das Dach tropft. Weht es heftig, muß man in alle vier Himmelsrichtungen rufen: „Wind, laß die Ziegel auf dem Dach!" In Tante Julies Haus werden die Mäuse gefüttert statt gefangen, und die Spin-

JAMES KRÜSS erzählt in diesem Buch, wie ein kleiner Junge namens Timm Thaler zuerst seinen Vater und dann durch den Vertrag mit
Timm Thaler
oder Das verkaufte Lachen
einem merkwürdigen „karierten Herrn" sein Lachen verliert. Er erzählt weiter, wie Timm Thaler durch diesen Vertrag jetzt jede Wette gewinnt, wie er aber sehr bald auch merkt, daß ein Mensch ohne Lachen gar kein richtiger Mensch ist. Auf der

JAMES KRÜSS erzählt in diesem Buch, was der alte dalmatinische Schiffskapitän Daworin Madirankowitsch ihm sieben Abende lang von den wunder-
Die Glücklichen Inseln hinter dem Winde
OETINGER
baren Glücklichen Inseln hinter dem Winde berichtet. Es ist die Geschichte von einem hinter den Winden verborgenen Paradies, in dem Löwe und Lamm, Mensch und Marabu, Leopard und Gazelle einträchtig miteinander leben. Hier gibt es Schulen für die Blumen, die Bienen, die Schildkröten und die Obstbäume. Hier frißt und verfolgt niemand den

JAMES KRÜSS erzählt in diesem Buch, was ihm der Segelmacher Hauke Sievers vom Leuchtturm auf den Hummerklippen zu berichten wußte.
Der Leuchtturm auf den Hummerklippen
oder Tante Julies große Reise
Er macht darin bekannt, daß alle Möwen Emma heißen – außer der Möwe, die am Anfang der Geschichte vorkommt. Er berichtet von Markus Marre, einem Wassermann, dem er als Kind schon einmal begegnet ist. Er erzählt von Tante Julie

JAMES KRÜSS erzählt in diesem Buch, wie er mit dem Leuchtturmwärter Hauke Sievers, seinem Freund Ebby Schaumschläger, dessen Enkelin Tat-
Weihnachten auf den Hummerklippen
jana und deren elfjähriger Tochter Katja die Weihnachtstage auf dem Leuchtturm auf den Hummerklippen verbringt, während Winterstürme die Wasser der Nordsee peitschen und schwere Brecher auf die Klippen schmettern. Da sie zum Glück genug zu essen haben, sogar Pfefferkuchen und Marzipan, vertreiben sie sich die Zeit bis zur Weiterfahrt nach

JAMES KRÜSS erzählt in diesem Buch, dem Gegenstück zu den „Glücklichen Inseln hinter dem Winde", was sein Freund, der montenegrinische
Signal Molly
oder
Die Reise auf der Kuh
Steuermann Petar Mirkowitsch, ihm von den seltsamen Sternen der Windstraße berichtet hat. Er erzählt vom Kuh- und Esel-Stern, auf dem Petar einem Herrn mit gespaltener Zunge begegnete, vom Mais-und-Mull-Stern, auf dem Petar eine Windstraßengrippe dritten Grades bekam, vom Rausch- und Reben-Stern, auf dem Petar es bis zum Fürsten

JAMES KRÜSS der im Jahre 1960 für sein Buch „Mein Urgroßvater und ich" den Deutschen Jugendbuchpreis für das beste Kinderbuch bekam,
Amadito
oder Der kleine Junge und ich
legt hier, genau zwanzig Jahre später, das Gegenstück vor. Diesmal ist er nicht der kleine Boy, der seinen Urgroßvater, den großen Boy, ausfragt, sondern er ist der erwachsene Don Boy, der auf der kanarischen Insel Lanzarote von Amadito, seinem wißbegierigen kleinen Nachbarn, ausgefragt wird. Dabei erzählt er dem Kleinen, der noch nicht in die

Die Reise durch das A
Ein gereimtes Lexikon. Ill.: Sibylle Feger. Hallein/Österreich: Burgfried 1976

Sommer
auf den Hummerklippen
Ill.: Rolf Rettich. Hamburg: Oetinger 1977

Gäste
auf den Hummerklippen
Ill.: Rolf Rettich. Hamburg: Oetinger 1977

Das kleine Mädchen und das blaue Pferd
Ill.: Aiga Rasch. Stuttgart: Boje 1977

Pauline und ich
Gesamtausgabe von *Pauline und der Prinz im Wind* und *Briefe an Pauline.* Ill.: Aiga Rasch. Stuttgart: Boje 1977

Paquito oder Der fremde Vater
Ill.: Rolf Rettich. Hamburg: Oetinger 1978

Timm Thalers Puppen oder Die verkaufte Menschenliebe
Roman. Hamburg: Oetinger 1979

Das neue Papageienbuch
Vier Bände. Ill.: Rolf Rettich. Stuttgart: Boje 1979/80/81/81

Alle Kinder dieser Erde
Ill.: Jörg Drühl. München: Lentz 1979

Der Weihnachtspapagei
Ill.: Horst Lemke. Taschenbuch. München: Heyne 1979

Nicky und Nanettchen
Ill.: Aiga Rasch. Taschenbuch. München: Heyne 1979

Amadito oder Der kleine Junge und ich
Ill.: Rolf Rettich. Hamburg: Oetinger 1980

Die Fabeluhr
Ill.: Ingrid Kellner. Taschenbuch. München: Heyne 1981

Florian auf der Wolke
Die Oetinger Kinderbuch-Reihe »Sonne, Mond und Sterne«. Ill.: hamburger bildermacher. Hamburg: Oetinger 1981

Signal Molly
oder Die Reise auf der Kuh
Ill.: Rolf Rettich. Hamburg: Oetinger 1982

Der Zauberer Korinthe und andere Gedichte
Die Oetinger Kinderbuch-Reihe »Sonne, Mond und Sterne«. Ill.: Rolf Rettich. Hamburg: Oetinger 1982

Freunde von den Hummerklippen oder Die Höhle der weißen Taube
Ill.: Rolf Rettich. Hamburg: Oetinger 1983

Meyers Buch vom Menschen und von seiner Erde
Ill.: Hans Ibelshäuser und Ernst Kahl. Mannheim: Bibliographisches Institut 1983

Die Schiffbrüchigen oder Die Fabelinsel
Ill.: Eberhard Binder-Staßfurt. München: Lentz 1984. – Ost-Berlin: Kinderbuchverlag 1984

Weihnachten auf den Hummerklippen
Ill.: Rolf Rettich. Hamburg: Oetinger 1984

Abschied von den Hummerklippen
Ill.: Rolf Rettich. Hamburg: Oetinger 1985

II. Gedichtsammlungen für Kinder

Spatzenlügen
Ill.: Elisabeth Shaw. München: Lentz 1958

Der wohltemperierte Leierkasten
Nachwort: Erich Kästner. Ill.: Eberhard Binder-Staßfurt. Gütersloh: Sigbert Mohn 1961

Die kleinen Pferde heißen Fohlen
Ill.: Margret Rettich. Hamburg: Oetinger 1962

Auf sieben geschliffenen Kieseln
Sonderdruck. Den Freunden des Verlages gewidmet. Ill.: Gertraud Brylka. Hamburg: Oetinger 1965

Der kleine Leierkasten
Ill.: Eberhard Binder-Staßfurt. Taschenbuch. Ravensburg: Otto Maier 1965

James' Tierleben
Ill.: Erika Meier-Albert. München: Betz 1965

Gedichte für ein ganzes Jahr
Ill.: Eberhard Binder-Staßfurt. Taschenbuch. Ravensburg: Otto Maier 1966

Lirum Larum Leierkasten
Ill.: Cor van Velsen. Hamburg: Oetinger 1966

Ein-, Eich- und Mondhorn
Ill.: Jan Balet. München: Betz 1968

Ergebner Diener, sprach der Fuchs
Fabeln von Gustav Krklec und James Krüss. Ill.: Hermann Altenburger. Taschenbuch. München: Deutscher Taschenbuchverlag 1975

III. Bilderbücher, Bildergeschichten, Rätselbilderbücher, Fotobilderbücher

Hanselmann reist um die Welt
Ill.: Katharina Maillard. Oldenburg: Stalling 1953

Die Hundefarm von Pudelslust
Veröffentlicht unter dem Pseudonym Markus Polder. Ill.: Liselotte Mende-Neupert. Oldenburg: Stalling 1954

Hanselmann hat große Pläne
Ill.: Katharina Maillard. Oldenburg: Stalling 1954

Christoffel und sein Schimmelchen
Ill.: Irene Schreiber. Oldenburg: Stalling 1956

Henriette Bimmelbahn
Ill.: Lisl Stich. Ost-Berlin: Kinderbuchverlag 1957

Kinder heut ist Wochenmarkt
Ill.: Katharina Maillard. Oldenburg: Stalling 1957

Ladislaus und Annabella
Ill.: Beatrice Braun-Fock. München: Lentz 1957

Schimmel angespannt fahren wir aufs Land
Ill.: Irene Schreiber. Oldenburg: Stalling 1957

Susebilles große Reise
Ill.: Ingrid u. Peter Paxmann. Oldenburg: Stalling 1957

Das verzauberte Dorf
Ill.: Beatrice Braun-Fock. Oldenburg: Stalling 1958

Der blaue Autobus
Ill.: Lisl Stich. Ost-Berlin: Kinderbuchverlag 1958

Der Leierkasten-Jan aus Amsterdam
Ill.: Waltraude Macke-Brüggemann. München: Lentz 1958

Zirkuszelt – Wunderwelt
Ill.: Katharina Maillard. Oldenburg: Stalling 1958

Abc, Abc, Arche Noah sticht in See
Ill.: Beatrice Braun-Fock. München: Obpacher 1959

Der kleine Doppeldecker
Ill.: Lisl Stich. Stuttgart: Boje 1959

Der Wunderteppich
Ill.: Hans Georg Lenzen. Gütersloh: Bertelsmann 1959

Die kleine gelbe Straßenbahn
Ill.: Käte Schulze. Ost-Berlin: Kinderbuchverlag 1959

Es war einmal ein Mann
Veröffentlicht unter dem Pseudonym Markus Polder. Ill.: Hilde Hoffmann. München: Obpacher 1959

Der Reisepudel Archibald
Ill.: Erich Hölle. Stuttgart: Boje 1960

Eine lustige Froschreise
Ill.: Lisl Stich. Stuttgart: Boje 1960

Frosch und Vogel, Huhn und Hahn
Ill.: Marlenka Stupica. Ljubljana: Mladinska Knjiga 1960

Fridolin Maus
Foto-Bilderbuch. Fotos: Louisa Stoeckicht. Gütersloh: Bertelsmann 1961

Ich möchte einmal König sein
Ill.: Dietrich Lange. Ravensburg: Otto Maier 1961

Michele Guck-Dich-Um
Ill.: Ennio di Majo. München: Obpacher 1961

Tetjus Timm
Abenteuer in 5 Folgen. Ill.: Peter Goettsche. Ost-Berlin: Alfred Holz 1961

Abdullah und die Datteldiebe
Ill.: Lisl Stich. Stuttgart: Boje 1962

Dschemal
der Schornsteindieb
Veröffentlicht unter dem Pseudonym Felix Ritter. Ill.: Peter Paxmann. Ravensburg: Otto Maier 1962

Die Kinderuhr
Bambino-Bilderbuch. Ill.: Herbert Lentz. München: Betz 1963

Die Seefahrt nach Rio
Ill.: Ulrik Schramm. München: Obpacher 1963

3 × 3 an einem Tag
Ill.: Eva Johanna Rubin. München: Betz 1963

Karlemann und Karoline
Foto-Bilderbuch. Fotos: Louisa Stoeckicht. Hanau/Main: Dausien 1963

Tapsi der Fuchs
Foto-Bilderbuch. Fotos: Louisa Stoeckicht. Hanau/Main: Dausien 1963

Zehn kleine Negerlein
Ill.: Horst Lemke. Gütersloh: Sigbert Mohn 1963

Hendrikje mit den Schärpen
Ill.: Lisl Stich. Stuttgart: Boje 1964

Die ganz besonders nette Straßenbahn
Ill.: Lisl Stich. Stuttgart: Boje 1965

Fahre mit durchs Abc
Ill.: Horst Lemke. Gütersloh: Sigbert Mohn 1965

Das rote Auto und der Peter
Ill.: Erich Hölle. Stuttgart: Boje 1966

Der Trommler und die Puppe
Ill.: Eva Johanna Rubin. München: Betz 1966

Du hast die ganze Welt zuhaus
Bambino-Bilderbuch. Ill.: Lea Auvo. München: Betz 1966

Was sagt die Glucke zu den Küken?
Ill.: Herbert Thiele. Stuttgart: Boje 1966

Der Dreckspatz und das Plappergänschen
Ill.: Lisl Stich. Stuttgart: Boje 1967

Welches Tier hat sieben Meter Halsweh?
Ill.: Erika Meier-Albert. München: Betz 1967

Grüß Gott, ich bin der Hansel
Ill.: Erika Meier-Albert. München: Domino 1968

Hoppla und Hü
Sechs Gute-Nacht-Geschichten. Ill.: Renate Schwarz. Frankfurt: Ullstein 1968

Was kleine Kinder gerne mögen
Ill.: Edith Witt. Stuttgart: Boje 1968

Das Puppenfest
Ill.: Edith Witt. Stuttgart: Boje 1969

Der verwirrte Großpapa
Ill.: Eberhard Binder-Staßfurt. Ost-Berlin: Alfred Holz 1969

Ich wär so gerne Zoodirektor
Ill.: Lisl Stich. Stuttgart: Boje 1969

Anton und der Wal
Sternchen-Bilderbuch. Ill.: Herbert Lentz. Gütersloh: Bertelsmann Jugendbuchverlag 1970

Der Schneider und der Riese
Ill.: Edith Witt. Stuttgart: Boje 1970

Der musikalische Drache
Sternchen-Bilderbuch. Ill.: Erika Meier-Albert. Gütersloh: Bertelsmann Jugendbuchverlag 1971

1 × 1 = 1
der Kasper fährt nach Mainz
Ill.: Edith Witt. Stuttgart: Boje 1971

Wer rief denn bloß die Feuerwehr?
Ill.: Erika Meier-Albert. Stuttgart: Boje 1971

Der A-B-Zoo
Zeichenbuch. Buchstabenspiel in Versen und Bildern. Ill.: James Krüss. Stuttgart: Boje 1972

Der Sängerkrieg der Heidehasen
Versepos. Ill.: Herbert Lentz. Hamburg: Oetinger 1972

Die Abenteuer der Berta Besenbinder
Ill.: Jochen Bartsch. Balve: Engelbert 1972

Seht her, ich bin der Hansel
Ill.: Edith Witt. Stuttgart: Boje 1972

Das gereimte Jahr
Ill.: Edith Witt. Suttgart: Boje 1973

Die Geschichte vom großen A
Ill.: Eleonore Schmid. Stuttgart: Thienemann 1973

Sandmännchen und die Tiere
Ill.: Herbert K. Schulz. Stuttgart: Spectrum 1973

Die Bremer Stadtmusikanten
In Verse gesetzt von James Krüss. Ill.: S. de Horna. Eßlingen: Schreiber 1974

Tantchen
Ill.: Erika Meier-Albert. Stuttgart: Boje 1974

Mein Teddybär und ich
Ill.: Edith Witt. Stuttgart: Boje 1975

Wer versteckt sich da?
Ill.: Herbert Lentz. Stuttgart: Thienemann 1975

Es war mal eine Frau
Ill.: Hilde Hoffmann. Stuttgart: Boje 1976

Es war einmal ein Kind
Ill.: Hilde Hoffmann. Stuttgart: Boje 1976

Der Rummelplatz geht an
Ill.: Walter Grieder. Stuttgart: Boje 1976

Gongo und seine Freunde
Ill.: Erika Meier-Albert. Stuttgart: Boje 1976

Das U-Boot Fritz
Ill.: Aiga Rasch. Stuttgart: Boje 1976

Die ersten Jahre
Stammbuch in 2 Ausgaben. Ill.: Ennio di Majo. München: Obpacher o. J.

Und weiter ist nichts los
Ill.: Edith Witt-Hidé. Stuttgart: Boje 1977

Ein kleiner Mops mit Namen Meier
Kriminal-Bilderbuch mit Suchbildern. Ill.: Erika Meier-Albert. Stuttgart: Boje 1978

Der Drachenturm
Ill.: Eva Johanna Rubin. Hamburg: Wittig 1981

Vom schönen Tausend-Wünsche-Baum
Ill.: Lúba Končeková-Veselá. Stuttgart: Thienemann 1981

Henriette Bimmelbahn, Auto, Flugzeug, Bus und Kahn
Das große Reisebilderbuch. Ill.: Petra Wiegandt. Stuttgart: Boje 1983

Wie macht man goldnen Apfelsaft?
Ill.: Wolfgang Metzger. Stuttgart: Boje 1983

IV. Bücher und Beiträge für Erwachsene

Der goldene Faden
Vier Legenden. Hamburg: Parus 1946

Der Schrank
Erzählung. In Geschichten von gestern und heute. Ost-Berlin: Neues Leben 1960

Heimkehr aus dem Kriege
Idylle. München: Biederstein 1965

Naivität und Kunstverstand
Reden und Aufsätze zur Kinderliteratur. Weinheim/Bergstraße: Beltz 1968

Polulangrische Lieder
Gesammelt, herausgegeben und mit Anmerkungen und Zeichnungen versehen von James Krüss. Ahrensburg und Paris: damokles 1968

Friesische Gedichte
Aus West-, Ost- u. Nordfriesland. Ins Hochdeutsche übertragen von James Krüss. Bremerhaven: Hug & Co. 1973

Das deutsche Lied in Modellen
Satiren. Jubiläumsschrift zum 25jährigen Bestehen der Druckerei Weltzien. Einmalige bibliophile Auflage. Hamburg: Hamburger Druckereigesellschaft Kurt Weltzien 1975

V. Herausgaben

Helgoland
Zeitschrift. Nr. 1-100. Hamburg: 1948 bis 1956

Mark Twain, Die Eine-Million-Pfund-Note
Bearbeitung und Nachwort: James Krüss. Ill.: Lea Auvo. München: Obpacher 1959

So viele Tage wie das Jahr hat
365 Gedichte für Kinder und Kenner. Gesammelt und herausgegeben von James Krüss. Ill.: Eberhard Binder-Staßfurt. Gütersloh: Sigbert Mohn 1959

Der rote Läufer
Bilderbuch. Deutsche Fassung: Günter Strohbach. Anhang: James Krüss. Ill.: Rex Parkin. Köln: Middelhauve 1963

Die Hirtenflöte
Europäische Volkslieder. Herausgegeben und übersetzt von James Krüss. Ill.: Andreas Brylka. München: Biederstein 1965

Jugoslawien
Bildband. Einleitung: James Krüss. Aufnahmen: Toni Schneider, Toso Dabac. Zürich: Atlantis 1968

Die kleine Windsbraut Edeltraut
Geschichten von ausländischen Autoren aus vierzehn Ländern. Zusammengestellt und herausgegeben von James Krüss. Ill.: Franz Josef Tripp. Stuttgart: Thienemann 1971

Seifenblasen zu verkaufen
Nonsens-Verse. Ill.: Eberhard und Elfriede Binder-Staßfurt. Gütersloh: Bertelsmann Jugendbuchverlag 1972

Robinson und die Indianer
Abenteuergeschichten. Ausgewählt und herausgegeben von James Krüss. Ill.: Günter Higomagnus. München: Blanvalet 1977

Inselgeschichten
Gesammelt von James Krüss. Ill.: Günter Blum. München: Georg Lentz 1979

Von dazumal bis heutzutage
Deutsche Geschichten und Verse. Herausgegeben von James Krüss. Ill.: Eberhard Binder-Staßfurt. Würzburg: Arena 1984. – Ost-Berlin: Kinderbuchverlag 1984

Die Bücher von James Krüss sind bisher in 37 Sprachen übersetzt worden und erscheinen in 35 Ländern.

Mein größtes Anliegen ist es, den Kindern nicht nur von Gutem und Bösem zu erzählen, sondern auch, wann das Gute anfängt, böse zu werden. Wenn wir erreichen können, daß auf der ganzen Welt die Jugendschriftsteller mit diesem Grundsatz ihren Einfluß auf die Jugend geltend machen, so glaube ich, können wir viel zum Frieden beitragen. So wie wir mithelfen, die Jugend aufzuziehen, so wird auch die Welt von morgen aussehen.

James Krüss